이것만 알면 된다!

헬스의 정석

권상언 지음

55가지 운동 방법 & 10가지 운동 지식

 BOTTAFI

Prolog

권상언
보따피 대표

안녕하십니까. '이것만 알면 된다! 헬스의 정석, 55가지 운동 방법 & 10가지 운동 지식'을 제작한 권상언입니다. 이번 도서를 제작하면서 참 많은 생각이 들다가 가장 깊은 생각이 들게 한 것은 제가 처음 운동을 하던 시기였습니다.

처음 운동을 시작하기 위해 헬스장에 등록해 아무것도 모른 채 역기(바벨)를 들고 팔을 접으면서 들어올리는 운동인 바벨 컬을 하던 시절이 떠올랐습니다. 당시에는 '이두'나 '위팔 두갈래근'과 같이 정확한 운동 명칭도 알지 못한 채 많은 초보자들처럼 알통을 만들겠다고 그 운동만 열심히 운동했었습니다. 당연하게도 어떻게 운동하면 좋을지 몰라 단지 들어올리지 못 할 때까지 무리하게 운동하면서 다음 날에는 근육통으로 인해 접힌 팔을 펴지 못 할 정도로 괴로웠던 기억이 생각납니다.

그러다가 유튜브에서 운동 관련 유튜버들이 생겨나면서 운동 방법을 접하게 되었고 경력이 있는 트레이너나 선수 출신 분들의 영상을 보면서 운동 방법을 배우고 또 인터넷에 검색을 하면서 근육 부위나 운동 지식을 익혀 갔었습니다. 지금이야 사람들이 한 번쯤 들어볼 수 있었을 '분할'이라는 운동 계획도 제가 처음 운동을 했을 때는 막막하기 그지 없었고, 운동을 하면서 얼마만큼 식사를 해야 하는 지도 알지 못했었습니다.

그래도 꾸준히 책을 찾아보고 영상도 보면서 운동 지식을 익혔고 이제는 혼자서 운동을 하며 다양한 운동 방식에 대해서도 이해할 수 있게 되었습니다. 그리고 운동에 대한 관심이 높아지면서 당연히 운동 관련 사업도 준비하게 되었고, 다양한 유튜버 분들과 함께 '보따피'라는 앱도 운영했습니다.

하지만 여전히 헬스장에 가면서 지켜보다보면 많은 분들이 아직 운동이 낯설고 운동 방법을 접하지 못해 잘못된 운동 자세로 열심히 운동하시는 것을 보게 되면서 그분들에게 제대로 된 운동 정보를 알려주고 싶다는 생각이 들었습니다. 그리고 제가 운동을 하면서 익혔던 필요한 운동 지식을 정리하며 배워야 할 운동 지식에 대해서 생각하게 되었습니다.

이 책은 앞서 제목에서 보시다시피 *chapter* **I** 에서는 운동 방법을, *chapter* **II** 에는 운동 지식을 제공하도록 해서 처음 운동을 하시는 초보자분들을 배려해 책을 제작했습니다.

'운동 방법'에서는 단순히 부위별로 운동 방법을 가르쳐 주는 것은 초보자들이 이해하지 못한 채 운동하기에 부상을 입거나 잘못 운동할 수 있습니다. 그래서 이 책에서는 근육별로 운동 방법을 나누어 설명하였지만 각 부위별로는 해당 순서로 지식을 제공하고 있습니다.

근육 부위별로 나눈 파트를 살펴보면 '근육에 대한 이해' - '스트레칭' - '운동 방법' 순으로 구성되어 있습니다. '근육에 대한 이해'에서는 '근육'에 대한 전체적인 이해를 할 수 있도록 근육의 명칭에 대해서 설명하고 근육의 해부학적인 이미지와 근육이 어떻게 움직임을 가지며, 우리가 운동 할 때 어떻게 운동해야 하는 지 설명하도록 했고 효율적인 운동을 위해서 운동 순서 또한 제시할 수 있도록 했습니다. 그리고 '스트레칭'을 통해서 부상 예방과 효율적인 운동을 할 수 있도록 했습니다. '운동 방법' 부분에서는 각 운동마다 초보자 분들에게 운동의 난이도를 제공해서 자신의 수준에 맞는 운동을 먼저 하실 수 있게 했습니다. 여기에 더해 초보자 분들에게 필요한 운동량(세트 수, 세트별 운동 횟수)에 대한 내용을 제공하고 운동을 할 때 필요한 호흡법도 정리를 해두었습니다. 마지막으로 각 운동마다 초보자 분들이 자주 실수 하실 수 있는 자세를 올바른 자세와 비교해 제대로 된 운동 방법을 익히실 수 있도록 했습니다.

chapter **II** 인 운동 지식에서는 기본적인 영양에 대한 이해, 생소하실 수 있는 내용이지만 운동을 위해서 아셔야 할 운동 생리학의 내용 등을 정리 해서 제공했습니다. 운동 지식에서는 내용을 쉽게 이해하실 수 있도록 필요한 그림도 첨부했습니다.

이 책을 준비하면서 혹시 잘못 된 내용을 제공하지 않기 위해서 '국가대표 보디빌더'로 활동하셨으며, 부산경상대학교에서 스포츠레저학과에 재직 중이신 '오경모' 교수님을 감사하게도 감수자로 초청하여 감수 뿐만 아니라 도서 내용의 집필에도 도움을 받아 전체적인 책의 내용을 다듬을 수 있도록 하였습니다.

이외에도 이 책을 제작하면서 도움을 주신 많은 분들, 운동 방법과 스트레칭 부분에 참여해 주신 '전완진' 트레이너님과 '신민영' 트레이너님, 그리고 저희가 해당 콘텐츠들을 준비할 수 있게 자리를 마련해주신 지역의 우수한 운동 기구 제작 업체 '(주)렉스코', 그리고 방대한 양의 사진 자료를 촬영해 주신 '김부성' 님께 정말 깊은 감사의 인사를 드립니다.

이 책이 처음 운동을 하시는 많은 분들에게 도움이 되길 바라며 부상 없이 안전한 운동을 통해 건강한 몸을 만드시기를 기원하겠습니다.

이 책을 구매해 주신 독자님들에게도 무한한 감사의 인사를 드립니다.

Prolog

오경모

2003 MR. KOREA 선발대회 MVP
부산경상대학교 교수 / 이학박사

20여 년 전 대학원을 진학해 본격적으로 학문을 접하면서 나 자신이 얼마나 무지하고 보디빌딩만 할 줄 알며 그저 내가 보고 있는 것이 모든 것인 줄 알며 '우물 안의 개구리처럼' 좁은 시야를 가지고 있다는 것을 알게 되었습니다.

지금 생각해보면 당시 알고 싶은 것만 공부하며 두서 없이 한 공부가 지금의 나 자신을 만들었다는 느낌이 있습니다. 하지만 내가 원해서 한 공부이기에 이때까지 해온 것을 제대로 활용하지 못한다는 생각이 들어 아깝다는 생각이 있었습니다.

20여 년을 지낸 웨이트 트레이닝의 노하우가 운동생리학을 전공하며 근육학을 접하고 연구와 실험을 거치면서 내가 가진 지식과 경험을 통해서 여전히 활용할 수 있는 것이 많다는 것을 뒤늦게 깨달았습니다. 물론 지금도 많은 부족함을 느끼기에 계속해서 공부를 하고 있습니다. 또한 강단에 서면서 수 많은 학생들을 지도하는 과정을 통해 저의 지식과 경험을 전수하기 위해 많은 노력을 기울이고 있습니다.

결론을 말하자면 기초만큼 중요한 것이 없습니다. 나를 포함해 수많은 트레이너와 선수들이 있지만 우리 몸의 기능을 알고 있는 사람은 생각보다 많지 않습니다. 다른 사람의 몸을 만지고 만들어 주는 직업이라면 최소한 명칭과 기능 정도는 알아야 한다고 생각합니다. 트레이닝을 받는 회원 중에서 의학이나 해부학 쪽으로 박식한 사람을 만나 트레이닝하면서 기본적인 형식의 소통마저 안 된다면 그 순간 회원은 당신을 무시할 것이며 더 이상 트레이너로써의 자격을 스스로도 인정하지 못 하게 될 것입니다.

현재는 과거와 비교도 할 수 없을 만큼 모든 학문이 비약적으로 발전하여 수 많은 논문과 정보들을 쏟아내고 있습니다. 이러한 현상 속에서 해당 책의 감수자로 참여하여 책의 감수 뿐만 아니라 수준 높은 정보를 제공할 수 있도록 하기 위해서 집필에도 일부 참여하였습니다. 따라서 트레이너와 선수 지망생들에게 기본적이지만 수준 높은 내용으로 된 이 책을 성장의 거름을 위해 추천드립니다.

또한 이 책은 이러한 웨이트 트레이닝의 기본적인 명칭, 여러 선수의 노하우를 녹여내어 웨이트 트레이닝에 대해 잘 모르는 초보자들도 쉽게 배울 수 있도록 만들었습니다. 더 이상 운동을 하고 싶지만 잘 몰라서 헤매는 일이 없도록 이 책이 길잡이 역할을 해 줄 것을 기대하고 있습니다.

이것만 알면 된다!

헬스의 정석

55가지 운동 방법&10가지 운동 지식

chapter II 운동 지식

근력 운동(웨이트 트레이닝)을 위한 10가지 운동 지식

I chapter

운동 방법

1. 팔(이두근)

팔(이두근)의 이해

이번에 알아볼 근육은 우리가 '알통'이라고 말하는 "상완 이두근 (한글명 : 위팔 두갈래근)" 입니다.

[실제 모습]

[해부학 사진]

"상완 이두근"은 평소의 활용도가 높습니다. 대표적으로 우리가 장을 볼 때, 장바구니를 들어올릴 때 사용하는 근육이 이 근육이죠.

가벼운 무게로 자주 수축하는 생활형 근육으로 적근 섬유가 많이 발달이 되어 있습니다.

예전 명칭인 상완 이두근이라는 용어는 위팔 뼈인 상완골에 위치한 두 갈래의 근육이기에 지어진 이름이지만 사실 위팔 뼈와는 관련이 없습니다.

단지 위팔 뼈만 지나갈 뿐입니다.

상완 이두근은 견갑골의 상결절에서 시작하는 장두와 견갑골의 오훼돌기(오구돌기)에서 시작하는 단두라는 2개의 근육으로 어깨와 팔꿈치를 지나 요골에서 하나로 합쳐져 붙습니다.

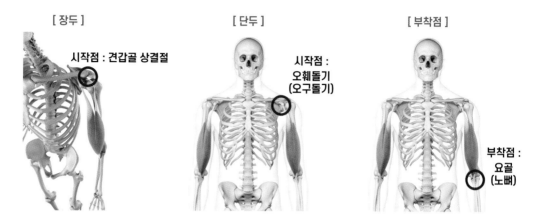

[장두] 시작점 : 견갑골 상결절

[단두] 시작점 : 오훼돌기 (오구돌기)

[부착점] 부착점 : 요골 (노뼈)

즉, 어깨와 팔꿈치 2개의 관절을 지나는 근육입니다. 따라서 근육의 활성도를 높이기 위해서는 2개의 관절을 모두 활용해야 합니다.

위팔 두갈래근의 기능을 제대로 이해하기 위해서는 아래팔 뼈에 있는 요골과 척골을 알아야 합니다. 두 개의 뼈로 이루어진 것에 대해서는 이유가 있습니다.

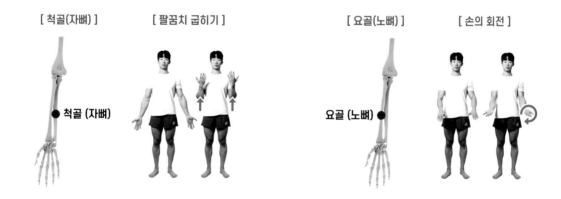

[척골(자뼈)] 척골 (자뼈)

[팔꿈치 굽히기]

[요골(노뼈)] 요골 (노뼈)

[손의 회전]

우선 척골은 위팔뼈와 팔꿈치 관절(주관절)을 이루어 팔꿈치를 굽히는 동작을 만들어내며, 요골은 척골과 요척관절을 이루어 손의 회전 동작을 만들어 냅니다.

팔(이두근)의 이해

[팔꿈치 굽힘 동작]

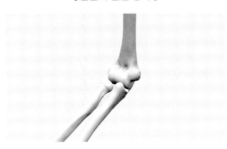

[손 회전 동작]

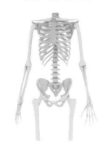

즉, 팔꿈치는 2개의 관절로 이루어져 있습니다. 위팔 두갈래근의 힘줄이 요골에 붙어 있기에 손바닥이 뒤집어질 수 있습니다.

이러한 구조로 인해 손바닥이 바라보는 위치에 따라 위팔 두갈래근은 활성도가 완전히 달라지는 것입니다.

손바닥이 아래로 향한 상태라면 힘줄은 요골에 팽이 줄처럼 감겨 있는 상태입니다.

손바닥이 아래로 향한 상태에서 팔꿈치를 접게 된다면 여전히 근육이 요골에 감겨 늘어난 상태이기에 수축 시(단축성 수축※244p 참고), 강한 수축력을 내지 못 합니다.

[손 바닥이 위로 향한 상태]

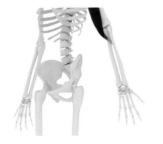

[손 바닥이 아래로 향한 상태]

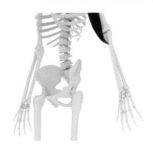

손의 회전 상태에 따라 상완 이두근이 제대로 훈련되지 못하는 2가지 예시를 들자면

[오버 그립 바벨 컬]
[해머 컬]

첫 번째는 역기(바벨)를 손등이 보이는 오버 그립 형태로 바벨 컬을 진행한다면 제대로 된 수축력을 느끼지 못 할 것입니다.

다른 예로 망치를 쥐듯 아령(덤벨)을 세워 잡는 해머컬의 경우에는 위팔 두갈래근의 힘줄이 반쯤 풀려 힘이 절반만 들어가게 되며 아래팔 부위의 근육이 더 트레이닝 됩니다.

완전한 수축(단축성 수축)을 위해서는 언더 그립(손이 잡는 부분의 아래에 위치한 그립)으로 잡고 팔꿈치를 굽히면서 잡고 있는 손이 아래턱까지 올라올 정도로 팔을 약간 앞으로 향하는 어깨 관절의 굽힘 동작이 같이 될 때, 완전한 수축을 이룰 수 있습니다.

1. 언더 그립(손이 잡는 부분의 아래에 위치해 잡는 방법) 형태로 잡고,

2. 팔꿈치를 굽힙니다.

3. 잡고 있는 손이 아래턱까지 올라올 정도로 팔을 약간 앞으로 향하는 동작을 통해 완전한 수축을 할 수 있습니다.

팔(이두근)의 이해

주의할 점은 수축 후, 다시 내려줄 때 상완 이두근의 힘으로 버텨내야 하며 준비를 위해 팔이 내려올 때 엉덩이를 뒤로 빼거나 상체가 숙여지면 제대로 된 운동이 되지 않습니다.

운동을 하면서 상완 이두근의 힘이 빠지게 되면 어깨로 힘이 분산되어 팔이 옆으로 벌어지게 되므로 주의해야 합니다.

[엉덩이를 뒤로 빼는 경우]　　　　[상체가 숙여지는 경우]　　　　[어깨로 힘이 분산되는 경우]

팔의 힘줄은 강하지 못하기 때문에 추운 날 굳은 몸으로 무거운 중량을 들 경우, 상완이두근의 힘줄이 터져버리는 부상이 발생하기도 합니다.

제일 많이 발생하는 힘줄 파열도 이두근의 장두입니다.

[이두 - 장두근 정상]　　　　　　　　[이두 - 장두근 파열]

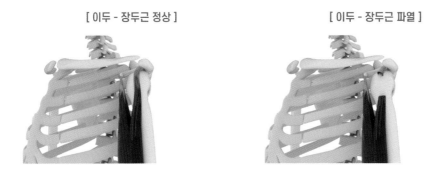

가벼운 무게로 많은 반복을 가지면서 열내듯 어르고 달래면서 펌핑시키는 것이 안전하며 관절에 무리도 주지 않을 겁니다.

역기(바벨)로 시작해서 아령(덤벨), 케이블 또는 머신으로 넘어가는 순서로 운동하는 것을 추천합니다. 예로 들면 바벨 컬 – 덤벨 컬 – 암 컬 머신으로 수행하는 것입니다.

[바벨 컬]　　　　　　　　[덤벨 컬]　　　　　　　　[암 컬(프리쳐 컬)]

이두근 스트레칭

step 1.

사용근육 및 관절	상완 이두근 + 손목 굽힘근육 / 팔꿈치 관절, 손목 관절
유지 시간	10초 / 2회

스트레칭 진행 팔을 쭉 핀 후 팔꿈치가 몸통 쪽으로 볼 수 있게 반대 팔로 손가락을 잡은 후 천천히 당겨줍니다.

step 2.

사용근육 및 관절	상완 이두근 / 요척관절
유지 시간	5초 / 5회

두 팔로 바를 잡은 후 수평을 맞춥니다.
풀고자 하는 팔을 버티고 반대 팔을 큰 원을 그린다고 생각하며 지면 쪽으로 당겨줍니다.

덤벨 컬
Dumbbell Curl

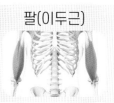

step 1.
준비 자세

호흡

준비를 위해
숨을 마셔
줍니다

가슴을 펴 주고 손바닥이 앞을 향한 상태로
아령(덤벨)을 들어줍니다.

step 2.
운동 시 자세

호흡

들어올리면서
천천히 숨을
뱉어줍니다

팔을 감는다는 느낌으로 아령(덤벨)을 들어줍니다.

step 3.
돌아오는 자세

호흡
내려주면서 숨을 마셔 줍니다

무게감을 느끼면서 천천히 내려줍니다.

▶TIP

잘못된 자세

운동할 때
어깨가 뜨지 않도록 합니다

올바른 자세

팔만 움직여서 운동해 줍니다

바벨 컬
Barbell Curl

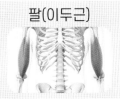

step 1.
준비 자세

호흡
준비를 위해 숨을 마셔 줍니다

가슴을 펴 주고 팔을 바깥으로 자연스럽게 돌린 상태에서
그대로 역기(바벨)를 잡아줍니다.

step 2.
운동 시 자세

호흡
다 들어올렸을 때, 숨을 뱉어줍니다

팔을 감아준다는 느낌으로 들어줍니다.
팔을 접어준 다음, 턱 아래까지 살짝 들어줍니다.

step 3.
돌아오는 자세

호흡

내려주면서 숨을 마셔 줍니다

무게감을 느끼면서 천천히 팔을 내려 준비 자세로 돌아옵니다.

▶TIP

잘못된 자세

허리를 뒤로 젖히면서
운동하지 않습니다

올바른 자세

가슴을 편 상태에서 몸을 고정한 상태로
역기(바벨)를 들어올려 줍니다

프리쳐 컬(암 컬 머신)
Preacher Curl (Arm Curl Machine)

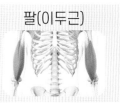

step 1.
준비 자세

호흡

준비한 상태
에서 숨을
마셔 줍니다

안장을 조절해 패드에 겨드랑이가 닿도록 해줍니다.
손잡이 각도와 팔의 각도를 맞춰 주고, 위 팔은 패드에 붙여 줍니다.

step 2.
운동 시 자세

호흡

들어올려주면서
천천히 숨을
뱉어 줍니다

위 팔에 힘을 주면서 그대로 들어올려 줍니다.

step 3.
돌아오는 자세

호흡

내려주면서
숨을 천천히
마셔줍니다

무게를 느끼면서 천천히 내려줍니다.

TIP

잘못된 자세

고개가 숙여지면서
어깨가 움츠러들지 않도록 합니다

올바른 자세

가슴을 편 상태에서
겨드랑이를 패드에 붙인 다음 들어올립니다

해머 컬
Hammer Curl

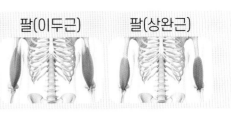

step 1.
준비 자세

호흡

준비를 위해
숨을 마셔
줍니다

가슴을 펴 주고, 아령(덤벨)의 머리가 앞으로 향하도록
잡아줍니다.

step 2.
운동 시 자세

호흡

들어올리면서
천천히 숨을
뱉어줍니다

팔을 감는다는 느낌으로 아령(덤벨)을 들어줍니다.
턱 아래까지 들어 줍니다.

난이도
쉬움

step 3.
돌아오는
자세

호흡

내려주면서
숨을 마셔
줍니다

무게감을 느끼면서 천천히 내려줍니다.

◢ TIP

잘못된 자세	올바른 자세

사선 방향으로 들어올리지 않습니다	수직으로 들어올려 줍니다

드래그 컬
Drag Curl

운동 부위

팔(이두근)

step 1.
준비 자세

호흡

역기(바벨)을 들기 전에 숨을 마셔줍니다

가슴을 펴 주고 팔을 바깥으로 자연스럽게 돌린 상태에서 그대로 역기(바벨)를 잡아줍니다.

step 2.
운동 시 자세

호흡

들어올리면서 천천히 숨을 뱉어줍니다

역기(바벨)을 수직으로 들어 올려줍니다.
들어올리면서 팔을 자연스럽게 뒤로 빼 줍니다.

추천 운동량	휴식 시간	
4set 8~15회	1분	

step 3.
돌아오는
자세

호흡

준비 자세로
돌아올 때,
숨을 마셔
줍니다

무게감을 느끼면서 천천히 팔을 내려 준비 자세로 돌아옵니다.

▼**TIP**

잘못된 자세	올바른 자세

어깨가 뜨지 않도록 주의합니다

겨드랑이에 힘을 주어
어깨가 뜨지 않도록 합니다

컨센트레이션 컬
Concentration Curl

운동 부위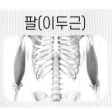

팔(이두근)

step 1.
준비 자세

호흡

준비를 위해
숨을 마셔
줍니다

편하게 앉은 상태에서 팔꿈치를 무릎 안 쪽에 놓아줍니다.

step 2.
운동 시 자세

호흡

들어올리면서
천천히 숨을
뱉어줍니다

팔꿈치를 붙인 상태에서 팔을 감듯이 들어올려줍니다.

step 3.
돌아오는 자세

호흡
내려주면서
숨을 마셔
줍니다

무게감을 느끼면서 천천히 내려줍니다.

▶ TIP

잘못된 자세	올바른 자세

들어올리기 위해
몸을 움직이지 않습니다

몸을 움직이지 않고
팔로만 운동해 줍니다

케이블 컬
Cable Curl

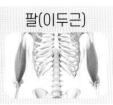

step 1.
준비 자세

호흡

숨을 마셔서
몸이 흔들리지
않도록 해
줍니다

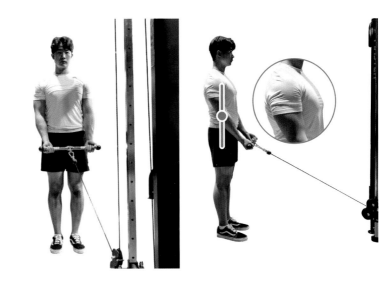

가슴을 활짝 편 상태에서 팔꿈치를 몸 옆에 위치해 줍니다.

step 2.
운동 시 자세

호흡

당겨주면서
숨을 뱉습니다

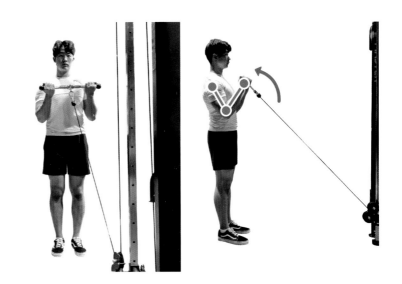

팔을 접어 턱 아래까지 당겨 줍니다.

32

step 3.
돌아오는 자세

호흡

준비 자세로 돌아오면서 숨을 마셔 줍니다

케이블의 탄성을 천천히 버티며 준비 자세로 돌아옵니다.

▶ **TIP**

잘못된 자세　　　　　　**올바른 자세**

몸을 뒤로 젖히면서
당기지 않습니다

몸이 흔들리지 않게
고정한 상태로 당겨줍니다

I
chapter

운동 방법

2. 팔(삼두근)

- 삼두근 스트레칭
- 케이블 프레스 다운
- 오버헤드 익스텐션
- 클로즈 그립 벤치프레스
- 킥 백
- 라잉 트라이셉스 익스텐션
- 케이블 오버헤드 익스텐션

팔(삼두근)의 이해

이번에 소개해 드릴 근육은 팔 뒤쪽에 붙어 있는 "상완 삼두근 (한글 명 : 위팔 세갈래근)"입니다.

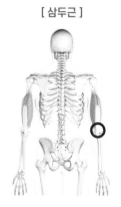

[삼두근]

삼두근은 이름처럼 3개의 근육으로 이루어져 있으며 하나의 힘줄로 이어져 있습니다.

먼저 이 근육들은 장두와 단두로 나눌 수 있으며, 단두는 다시 내측두와 외측두로 나눌 수 있습니다.

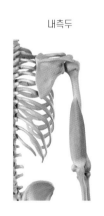

[장두]

[단두]

내측두

외측두

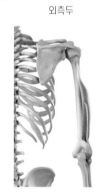

이렇게 3개의 근육을 합쳐서 상완 삼두근(위팔 세갈래근)이라고 합니다.

장두는 견갑골의 관절하결절에서 시작해 척골에 정지하는 근육으로 보디빌딩 포즈인 프론트 더블 바이셉스를 취했을 때, 팔의 아랫부분에서 보이는 근육입니다.

[장두]

[보디빌딩 포즈 - 프론트 더블 바이셉스]

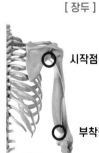

시작점 : 견갑골 관절하결절

부착점 : 척골

단두는 위팔 뼈의 뒤쪽에서 시작해 척골에 붙어 보디빌딩 포즈인 사이드 체스트라는 동작에서 팔의 옆쪽으로 보이는 근육이 단두의 외측두입니다.

[단두]   [보디빌딩 포즈 - 사이드 체스트]

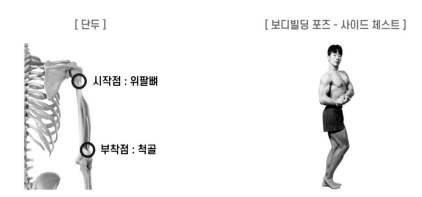

시작점 : 위팔뼈

부착점 : 척골

내측두는 장두와 외측두의 아래에 위치해 눈으로는 보기 힘듭니다.

사람들이 삼두근에 힘을 주어 보여주는 말발굽 형태의 근육은 장두와 단두의 외측두로 이루어진 형태입니다.

[삼두근]   [장두]   [단두의 외측두]

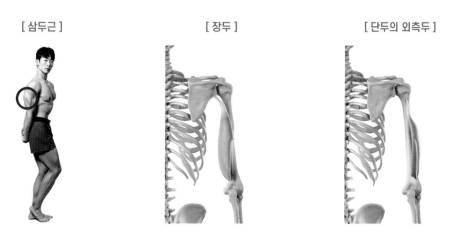

팔(삼두근)의 이해

삼두근은 팔꿈치 관절을 펴는 동작을 수행합니다.

삼두근은 팔근육의 2/3를 차지하기에 팔을 크게 만들기 위해서는 삼두근을 운동해야 하며 이 중에서도 장두에 집중해야 합니다.

장두는 어깨 관절과 팔꿈치 관절을 지나가는 다관절 근육입니다. 즉, 장두를 제대로 운동하기 위해서는 어깨 관절을 사용해야 합니다.

[팔꿈치 관절 펴기]

단순히 팔을 펴는 동작에서 단두는 완전히 수축하지만 장두는 80% 정도만 수축됩니다. 장두의 완전한 수축을 위해서는 팔을 몸 뒤쪽으로 보내는 동작이 필요합니다.

[장두]

[팔을 몸 뒤로 보내는 동작]

한 손으로 운동하는 덤벨 킥 백과 원 암 프레스 다운 등의 운동을 활용하면 완전한 수축을 할 수 있습니다.

[덤벨 킥 백]

[원 암 프레스 다운]

이후 삼두근이 충분히 펌핑되었을 때에는 근육을 늘려서 운동해주는 신장성 수축에 중점을 둔 운동을 한다면 효과적으로 자극을 줄 수 있습니다. 대표적으로 머리 뒤로 넘겨서 운동하는 오버 헤드류의 운동을 실시하면 됩니다.

[오버헤드 익스텐션]　　　　　　　　[케이블 오버헤드 익스텐션]

팔의 관절과 힘줄은 강하지 못하기에 케이블 → 덤벨 → 바벨 순으로 운동을 해주는 것이 안전하고 효과적입니다.

이 때, 가볍게 열을 내어준다는 느낌으로 실시해야 합니다.

운동 순서를 추천하자면 케이블 프레스 다운 → 킥 백 → 라잉 트라이셉스 익스텐션으로 진행하는 것을 추천합니다.

단축성 수축 운동과 신장성 수축에 중점을 둔 운동을 번갈아 실시하며, 마지막에 라잉 트라이셉스 익스텐션과 같이 단축성 수축과 신장성 수축의 특징을 둘 다 가지는 운동을 한다면 이미 삼두근에 충분히 많은 피가 몰려 극도의 펌핑감으로 조금만 내려도 자극이 잘 갈 것입니다.

[케이블 프레스 다운]　　　　　[킥 백]　　　　　[라잉 트라이셉스 익스텐션]

삼두근 스트레칭

step 1.

사용근육 및 관절	상완 삼두근 / 어깨 관절, 팔꿈치 관절
유지 시간	10초 / 2회

팔꿈치가 오른쪽 귀 옆에, 오른손이 왼쪽 날개 뼈에 가까이 올 때까지 오른팔을 들어 올립니다. 왼손으로 오른쪽 팔꿈치를 잡고, 머리 뒤에서 바닥 쪽으로 오른쪽 팔꿈치를 잡아 당기거나 밉니다. 오른팔이 끝나면 팔을 바꿔 왼팔도 스트레칭합니다.

step 2.

사용근육 및 관절	상완 삼두근 / 어깨 관절, 팔꿈치 관절
유지 시간	10초 / 2회

스트레칭할 바를 잡은 후 팔을 뒤로 보낸 후 뒤에 반대 팔로 바를 잡고 밑으로 살살 당겨
줍니다.

케이블 프레스 다운
Cable Press Down

운동 부위 팔(삼두근)

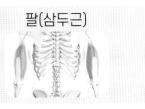

step 1.
준비 자세

호흡

몸이 흔들리지 않게 숨을 마셔 줍니다

가슴을 편 상태로 몸을 앞으로 숙여줍니다. 이 때, 겨드랑이에 힘을 줘서 어깨를 고정하고, 팔은 지면과 수평한 상태로 만들어 줍니다.

step 2.
운동 시 자세

호흡

팔을 펴면서 숨을 뱉어 줍니다

어깨를 고정한 상태에서 팔을 펴 줍니다.

step 3.
돌아오는 자세

호흡

준비 자세로 돌아오면서 숨을 마셔 줍니다

케이블의 탄성을 느끼면서 다시 준비 자세로 돌아옵니다.

◤TIP

잘못된 자세

어깨가 움직이면
제대로 운동을 할 수 없습니다

올바른 자세

겨드랑이에 힘을 주면
어깨가 뜨지 않도록 고정해 줄 수 있습니다

오버헤드 익스텐션
Overhead Extension

운동 부위

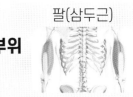

step 1.
준비 자세

호흡

준비를 위해
숨을 마셔
줍니다

가슴을 펴 주고 팔을 뒤로 넘겨 팔의 각도가 수직인 상태로 준비합니다.

step 2.
운동 시 자세

호흡

들어올리면서
천천히 숨을
뱉어줍니다

어깨를 고정해 준 상태에서 아령(덤벨)을 직선으로 들어올려줍니다.

step 3.
돌아오는 자세

호흡

내려주면서 숨을 마셔 줍니다

다시 아령(덤벨)을 직선으로 내려서 준비 자세로 돌아옵니다.

TIP

잘못된 자세	올바른 자세

아령(덤벨)을 과도하게 내리지 않습니다	팔이 수직인 상태에서 준비하여 운동해 줍니다

클로즈 그립 벤치프레스

Close Grip Bench Press

팔(삼두근)

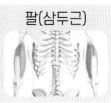

step 1.
준비 자세

호흡

준비를 위해
숨을 마셔
줍니다

가슴을 편 상태에서 역기(바벨)을 가슴 중앙에 둔 상태로 준비합니다.
양손 사이 주먹 하나가 들어갈 정도로 잡아 줍니다.

step 2.
운동 시 자세

호흡

숨을 뱉지 말고
참아줍니다

역기(바벨)을 수직으로 내려줍니다.
팔꿈치가 옆구리에 오는 정도까지 내려줍니다.

step 3.
돌아오는
자세

호흡

올려주면서
숨을 뱉고
준비 자세로
돌아왔을 때,
숨을 마셔
줍니다

다시 역기(바벨)를 수직으로 올려줍니다.

▼ TIP

잘못된 자세	올바른 자세

팔꿈치가 과도하게
벌어지지 않도록 주의합니다

역기(바벨)를 내려줄 때,
자연스럽게 팔을 접어줍니다

킥 백
Kick Back

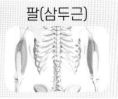
step 1.
준비 자세

호흡

준비를 위해
숨을 마셔
줍니다

가슴을 펴 준 상태에서 벤치에 손과 무릎을 거치합니다.
손과 무릎이 과도하게 꺾이지 않게 준비합니다.
팔꿈치를 몸 옆에 위치시킨 뒤 준비해 줍니다.

step 2.
운동 시 자세

호흡

팔을 펴 주면서
숨을 뱉어
줍니다

팔꿈치를 고정한 상태로 팔을 펴 줍니다.

step 3.
돌아오는 자세

호흡

팔을 접으면서 숨을 마셔 줍니다

아래팔을 다시 접어 준비 자세로 돌아옵니다.

TIP

잘못된 자세

팔꿈치를 움직이면서 들어올리지 않습니다

올바른 자세

팔꿈치를 고정한 상태로 운동해 줍니다

라잉 트라이셉스 익스텐션

Lying Triceps Extension

운동 부위 팔(삼두근)

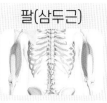

step 1.
준비 자세

호흡

준비를 위해 숨을 마셔 줍니다

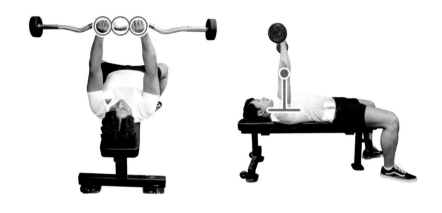

가슴을 편 상태에서 벤치에 누워주고 팔꿈치를 몸과 수직인 상태로 준비해 줍니다. 팔꿈치를 살짝 굽힌 상태에서 손 사이에 주먹 하나가 들어갈 정도로 잡아줍니다.

step 2.
운동 시 자세

호흡

숨을 뱉지 말고 계속 참아 줍니다

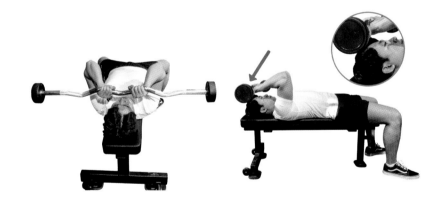

팔을 접어 역기(바벨)가 이마 정도에 내려오도록 해 줍니다.

step 3.
돌아오는
자세

호흡

준비 자세로
돌아왔을 때,
숨을 뱉고 다시
마셔줍니다.

역기(바벨)를 직선으로 밀어 준비 자세로 돌아옵니다.

TIP

잘못된 자세

팔꿈치가 과도하게
벌어지지 않도록 합니다

올바른 자세

팔꿈치를 움직이지 않고
팔만 접어주도록 합니다

케이블 오버헤드 익스텐션
Cable Overhead Extension

운동 부위

팔(삼두근)

step 1.
준비 자세

호흡

이 때, 가슴을
활짝 펴주고
숨을 마셔
줍니다

팔을 뒤로 젖혀 아래팔이 바닥과 수평이 되도록 준비해 줍니다.

step 2.
운동 시 자세

호흡

밀어주면서
숨을 뱉어
줍니다

케이블을 직선으로 밀어줍니다.

step 3.
돌아오는
자세

호흡

준비 자세로
돌아오면서
숨을 마셔
줍니다

팔을 뒤로 젖혀 아래팔이 바닥과 수평이 되도록 준비해 줍니다.

◤ TIP

잘못된 자세	올바른 자세
몸을 흔들면서 운동하지 않습니다	숨을 마셔서 몸을 고정해 준 상태로 운동합니다

I
chapter

운동 방법

3. 가슴(대흉근)

가슴 근육(대흉근)의 이해

흔히들 말하는 가슴 근육의 정식 명칭은 '대흉근'으로 '큰 가슴근'입니다.

이 '대흉근'은 쇄골, 흉골, 늑골에서 시작해서 위팔뼈의 바깥 부분에 붙는 근육으로 팔을 움직이도록 하는 근육이며, 팔을 움직일 수 있게 연결된 어깨 관절은 '구와관절'이라고 하는 절구와 공이 결합된 형태의 관절입니다.

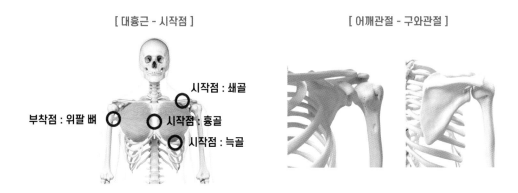

[대흉근 - 시작점]   [어깨관절 - 구와관절]

쇄골로부터 시작하는 상부 대흉근은 팔을 앞으로 들어올리는 동작을 만들어내며 흉골로 부터 시작하는 중부 대흉근은 수평으로 벌어진 팔을 앞으로 모으는 동작을 가능하게 합니다.

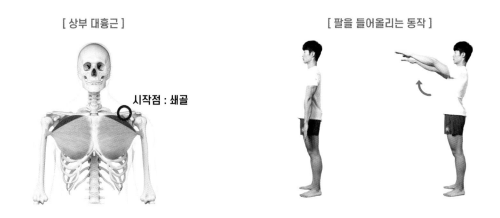

[상부 대흉근]   [팔을 들어올리는 동작]

[중부 대흉근]   시작점 : 흉골

[수평으로 벌어진 팔을 앞으로 모으는 동작]

마지막 늑골에서부터 시작하는 하부 대흉근은 팔을 내려 몸에 붙이는 동작을 수행할 수 있게 해줍니다.

[하부 대흉근]   시작점 : 늑골

[팔을 내려 몸에 붙이는 동작]

가슴 근육(대흉근)의 이해

이 때 대흉근을 통한 팔의 움직임은 공통적으로 위팔을 안으로 돌리는 동작(내회전)을 하는 것으로 대흉근에 있어서 가장 중요한 '포인트'입니다.

대흉근은 '속근'이라고 불리는 근육으로 구성이 되어 있습니다. '속근'은 힘이 강하지만 빨리 지치는 특징을 가집니다.

[위팔을 안으로 돌리는 동작(내회전)]   [속근]

평상시 대흉근은 지구의 중력에 크게 대항하지 않는 근육이기에 강한 수축력에 비해 피로를 빨리 느끼며, 트레이닝을 통해서만 근육이 성장하는 것을 특징으로 합니다.

근육 성장을 위한 훈련을 할 때에는 부상을 막기 위해 주관절인 팔꿈치와 함께 다른 근육을 사용하는 다중 관절 운동을 우선적으로 추천합니다.

[사용 관절 - 팔꿈치, 어깨]

트레이닝을 진행하면 사용하는 근육에 혈액이 몰리는 상태가 되어 우리가 흔히 말하는 '펌핑'이 됩니다.

[펌핑 전]

[펌핑 후]

이렇게 '펌핑'이 되면 근육의 크기가 커지기에 근육이 늘어나는 범위가 증가하여 스트레칭의 효과가 커지게 됩니다.

[펌핑 전]

[펌핑 후]

그리고 펌핑으로 인해 미세한 근육까지 골고루 자극을 주어 성장하는 데 도움이 됩니다.

가슴 근육(대흉근)의 이해

그렇다면 이 '펌핑'을 위해서는 어떻게 해야 할까요?

대흉근을 '펌핑' 시키기 위해서는 대흉근을 단축성 수축을 시킬 필요가 있습니다. 근육을 안쪽으로 수축시키는 방식을 통해서 혈액을 대흉근으로 모으는 방식인 것이죠.

그리고 펌핑을 위해 근육을 '최대한 수축'시키기 위해서는 팔을 안쪽으로 돌리는 '내회전' 동작이 필요합니다.

그렇기에 오버그립 형태로 벤치 프레스와 같은 프레스 류(밀어 올리는) 동작을 통해서 근육을 펌핑시키는 것이 필요합니다.

[단축성 운동의 대표 예시 - 벤치 프레스]

[벤치 프레스 정면]

이렇듯 펌핑을 시킨 대흉근은 부피가 커진 상태가 되어 근육을 최대 이완할 수 있는 상태가 됩니다.

이럴 때 팔을 벌려서 운동을 해주는 플라이류와 같이 근육을 늘려주는 데 중점을 둔 '신장성 수축' 운동을 해주는 것이 효과적입니다.

[신장성 운동 예시 - 펙 덱 플라이]

[신장성 운동 예시 - 덤벨 플라이]

따라서 대흉근을 키우고 싶다면 다관절 운동인 '프레스류'의 운동을 통해서 근육을 펌핑 시킨 다음, 늘어난 근육을 활용해 신장성 수축을 목적으로 하는 '플라이류' 운동을 해주는 것이 효과적입니다.

[프레스 류 운동 - 벤치 프레스]

[플라이 류 운동 - 덤벨 플라이]

대흉근 스트레칭

step 1.

사용근육 및 관절	대흉근 / 어깨 관절

유지 시간	10초 / 2회

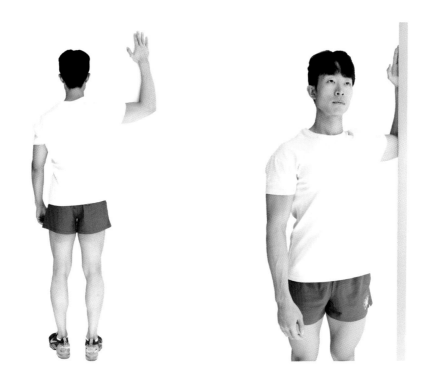

팔을 벽에 수직으로 위치시킨 후 고정시키고 가슴을 앞 방향으로 지그시 눌러줍니다.

step 2.

사용근육 및 관절	대흉근 / 어깨 관절, 흉추
유지 시간	15초 / 2회

폼롤러를 날개뼈의 아래쪽에 위치시킨 후 손바닥을 머리 뒤에 놔둔 후 쭉 팔꿈치가 바닥에
닿을 정도로 쭉 눌러줍니다.

대흉근 스트레칭

step 3.

사용근육 및 관절	대흉근 / 어깨 관절
유지 시간	10초 / 3회

옆으로 누운 자세에서 한 팔을 앞으로 나란히 한 후 몸통이 흔들리지 않도록 팔을 접었다
펴며 숨을 호흡해 줍니다.

step 4.

사용근육 및 관절	대흉근 / 어깨 관절
유지 시간	5초 / 5회

폼롤러를 등의 중앙에 놓은 후 팔을 ㄴ자로 만든 후 천천히 호흡을 뱉으며 팔을 위로 뻗어
줍니다. 10회 정도 반복합니다.

체스트 프레스 머신
Chest Press Machine

운동 부위

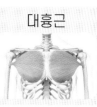

대흉근

step 1.
준비 자세

호흡

준비를 위해
숨을 마셔
줍니다

손잡이 위치를 기준으로 의자 높낮이를 조절합니다.
손잡이 위치는 가슴 중앙이나 유두 윗부분에 오도록 합니다.
가슴을 펴고, 어깨를 등받이에 붙여 줍니다.

step 2.
운동 시 자세

호흡

밀어주면서
숨을 뱉어
줍니다

어깨를 붙인 상태에서 궤적에 따라
팔꿈치로 밀어준다는 생각으로 밀어줍니다.

난이도
쉬움

step 3.
돌아오는 자세

호흡

준비 자세로 돌아오면서 숨을 마셔줍니다

무게감을 느끼면서 천천히 준비 자세로 돌아옵니다.

▼ TIP

잘못된 자세

밀면서 몸이 같이 나가지 않도록 합니다

올바른 자세

몸을 뒤로 붙인 상태에서 밀어줍니다

펙 덱 플라이
Pec Deck Fly

대흉근

step 1.
준비 자세

호흡

숨을 마셔서
준비해 줍니다

가슴을 펴 준 상태에서 등과 엉덩이를 등받이에 붙여줍니다.
손잡이를 잡았을 때, 어깨와 손이 수평이 되도록 의자의 높낮이를
조절해 줍니다.

step 2.
운동 시 자세

호흡

모아주면서
천천히 숨을
뱉어 줍니다

손잡이를 잡은 상태에서 팔을 모아 수축해 줍니다.

step 3.
돌아오는 자세

호흡

팔을 펴주면서 숨을 마셔 줍니다

천천히 무게를 느끼면서 팔을 펴줍니다.
긴장감을 유지하기 위해 팔을 다 펴지 않습니다.

▼ TIP

잘못된 자세

등받이에서 등이 떨어지지
않도록 합니다

올바른 자세

등과 어깨를 등받이에 붙인 상태에서
운동해 줍니다

덤벨 플라이
Dumbbell Fly

운동 부위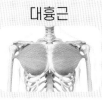

대흉근

step 1.
준비 자세

호흡

준비를 위해
숨을 마셔
줍니다

가슴을 펴 준 상태에서 누운 뒤, 아령(덤벨)을 가슴의 중앙에 위치
시킵니다.

step 2.
운동 시 자세

호흡

숨을 뱉지 말고
참아줍니다

팔꿈치와 손을 움직이지 않은 상태에서 몸통까지 팔을 내려줍니다.

step 3.
돌아오는 자세

호흡

모아주면서 숨을 뱉고 준비 자세로 돌아온 뒤, 숨을 마셔줍니다

다시 팔을 모아 준비 자세로 돌아옵니다.

▼ TIP

잘못된 자세	올바른 자세

유연성을 넘어 팔을 벌리지 않습니다	본인의 유연성이 허용되는 범위까지 내려줍니다

푸쉬 업
Push Up

step 1.
준비 자세

호흡

준비를 위해
숨을 마셔
줍니다

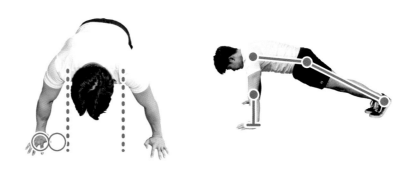

팔을 지면과 수직인 상태로 준비한 뒤, 조금 굽혀주고 가슴은 펴
줍니다. 어깨에서 엉덩이, 발목이 일직선이 되도록 준비해 줍니다.
손은 어깨 넓이에서 주먹 2개가 들어갈 정도로 준비해 줍니다.

step 2.
운동 시 자세

호흡

숨을 뱉지 말고
참아줍니다

아래팔을 수직으로 유지하며 팔꿈치가 수직이 될 정도로 내려옵니다.

난이도
보통

step 3.
돌아오는
자세

호흡
다 올라왔을 때,
숨을 뱉고
다시 숨을
마셔줍니다

다시 아래팔을 수직으로 유지하며 손으로 바닥을 밀어 준비 자세로
돌아옵니다.

TIP

잘못된 자세

올바른 자세

팔이 고정되지 못해
흔들리지 않도록 합니다

아래팔을 수직으로 유지하며
운동해 줍니다

덤벨 벤치 프레스
Dumbbell Bench Press

운동 부위
대흉근

step 1.
준비 자세

호흡

준비를 위해
숨을 마셔
줍니다

가슴을 펴 준 상태에서 누워 가슴의 중앙에 아령(덤벨)이 오도록
합니다.

step 2.
운동 시 자세

호흡

숨을 뱉지 말고
참아줍니다

아령(덤벨)을 수직으로 내려줍니다.
내려줄 때, 팔꿈치를 몸통까지만 내려줍니다.

step 3.
돌아오는 자세

호흡

다 올려주었을 때, 숨을 뱉고 다시 숨을 마셔줍니다

아령(덤벨)을 수직으로 다시 올려줍니다.
올려줄 때, 팔꿈치로 밀어올린다는 생각으로 밀어줍니다.

▼ **TIP**

잘못된 자세   **올바른 자세**

아령(덤벨)을 사선으로
들어올리지 않습니다

아령(덤벨)을 수직선상으로 밀어줍니다

딥스
Dips

대흉근   팔(삼두근)

 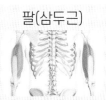

step 1.
준비 자세

호흡

숨을 마셔
준비해 줍니다

가슴을 편 상태에서 손목이 꺾이지 않게 손잡이를 잡아줍니다.
그 뒤 몸을 살짝 앞으로 기울인 상태로 준비해 줍니다.

step 2.
운동 시 자세

호흡

이 때, 숨을
뱉지 말고
복압을 유지해
줍니다

팔꿈치가 수직이 되는 정도까지만 몸을 내려 줍니다.

step 3.
돌아오는
자세

호흡
준비 자세로
돌아온 뒤,
숨을 뱉고
다시 마셔
줍니다

아랫팔을 움직이지 않은 상태에서 밀어올려 되돌아 옵니다.

▍TIP

잘못된 자세

과도하게 내려가지 않도록 합니다

올바른 자세

팔꿈치가 수직이
되는 데까지 내려옵니다

벤치 프레스
Bench Press

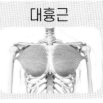

step 1.
준비 자세

호흡

준비를 위해
숨을 마셔
줍니다

가슴을 편 상태에서 역기(바벨)가 가슴의 가운데에 오도록 준비
합니다. 어깨를 기준으로 주먹이 2개 정도 들어갈 정도로 잡아
줍니다.

step 2.
운동 시 자세

호흡

숨을 뱉지 말고
참아줍니다

손에 든 역기(바벨)을 수직으로 내려줍니다.

난이도
어려움

step 3.
돌아오는
자세

호흡

준비 자세로
돌아온 뒤,
숨을 뱉고
다시 마셔
줍니다

다시 역기(바벨)을 수직으로 밀어줍니다.

▶TIP

잘못된 자세

사선 방향으로 밀지 않습니다

올바른 자세

역기(바벨)를 수직으로 밀어줍니다

케이블 크로스 오버
Cable Crossover

대흉근

운동 부위

step 1.
준비 자세

호흡

준비를 위해
숨을 마셔
줍니다

케이블을 잡고 앞으로 나온 상태에서 준비합니다.
이 때, 가슴을 활짝 펴주고 팔꿈치를 몸 뒤로 준비해 줍니다.
겨드랑이에 힘을 주어 어깨가 뜨지 않도록 합니다.
팔꿈치는 수직 상태로 준비하며 케이블 방향과 팔꿈치 방향이 일치
하도록 몸을 숙여줍니다.

step 2.
운동 시 자세

호흡

앞으로 뻗어
주면서 숨을
뱉어 줍니다

케이블 방향과 일치시키면서 팔을 앞으로 뻗어 모아 줍니다.

추천 운동량
4set
8~15회

휴식 시간
2분

난이도
어려움

step 3.
돌아오는 자세

호흡

준비 자세로 돌아오면서 숨을 마셔 줍니다

그 뒤 케이블의 탄성을 천천히 버티며 준비 자세로 돌아옵니다.

▼ TIP

잘못된 자세

케이블의 방향과 팔의 방향이
어긋나지 않게 합니다

올바른 자세

케이블과 팔의 방향을
일치시키며 밀어줍니다

I
chapter

운동 방법

4. 등(광배근)

등 근육(광배근)의 이해

이번에 소개드릴 근육은 많은 남성 분들이 가지기를 원하시는 광배근입니다.

[넓을 광]　　　[등 배]　　　[근육 근]

廣　背　筋

광배근은 '넓을 광', '등 배', '근육 근'으로 이루어진 단어로 등 쪽에 있는 넓은 근육이라는 뜻입니다.

몇몇 분들이 등 근육에 대해서 생각할 때, 승모근과 광배근을 '윗 광배근', '아랫 광배근'으로 생각하는 경우가 있는 데, 잘못된 생각입니다.

[승모근]　　　　　　　　　　　　[광배근]

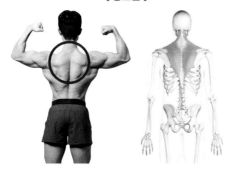 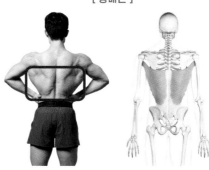

'승모근'과 '광배근'은 등 근육으로 분류되기는 하지만 서로 다른 기능을 가진 근육이기에 운동을 할 때, 분리해서 운동을 할 필요가 있습니다.

'승모근'은 어깨 근육인 '삼각근'과 밀접한 관련이 있으므로 '삼각근'과 함께 살펴 볼 예정입니다.

[승모근]　　　　　　　　　　　　[삼각근]

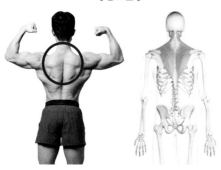  

'광배근'은 등의 하부에 위치하며 팔을 당기는 동작을 주로 수행합니다.

'광배근'은 장골 능선과 아래쪽 절반의 척추 극돌기에서 시작해서 위팔 뼈인 상완골의 앞쪽에 부착하는 근육입니다.

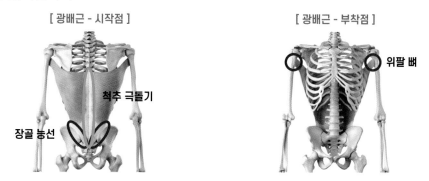

[광배근 - 시작점]   [광배근 - 부착점]

척추 극돌기   위팔 뼈

장골 능선

광배근은 팔을 앞에서 뒤로 당기는 동작, 팔을 내려 몸에 붙이는 동작, 위팔을 안으로 돌리는 동작(내회전)을 수행합니다.

주로 중력 방향과 일치하는 힘을 쓰며, 강한 힘을 내지만 근육의 지구력이 약한 백근(속근) 섬유가 발달되어 크게 키울 수 있는 근육입니다.

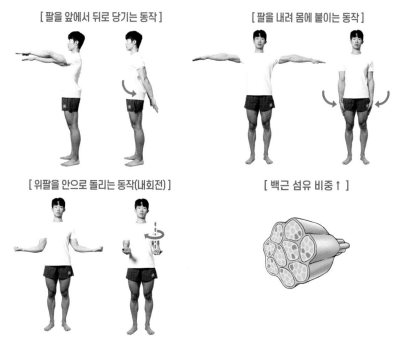

[팔을 앞에서 뒤로 당기는 동작]   [팔을 내려 몸에 붙이는 동작]

[위팔을 안으로 돌리는 동작(내회전)]   [백근 섬유 비중↑]

광배근 운동은 팔꿈치 관절을 이용한 다관절 운동을 해야 많은 중량으로 운동을 할 수 있으며, 관절에 대한 부상도 예방할 수 있습니다.

등 근육(광배근)의 이해

팔을 몸 뒤로 당기는 동작을 활용하는 운동으로는 '시티드 로우(롱 풀)', '벤트 오버 바벨 로우', '원 암 덤벨 로우'가 있습니다.

[팔을 몸 뒤로 당기는 운동]

시티드 로우 (롱 풀)   벤트 오버 바벨 로우   원 암 덤벨 로우

팔을 내려 몸에 붙이는 동작을 활용한 운동으로는 '풀 업(턱걸이)', '랫 풀 다운'이 있습니다.

[팔을 내려 몸에 붙이는 운동]

풀 업(턱걸이)   랫 풀 다운

여기서 몸을 뒤로 당기는 동작과 팔을 내려 몸에 붙이는 동작을 활용한 운동을 할 때, 팔을 안쪽으로 돌리는 동작(내회전)을 활용해야 광배근의 수축을 최대화할 수 있습니다.

[시티드 로우]

[랫 풀 다운]

근육의 시작점이 장골과 등, 허리의 척추에서 시작하기에 등과 허리가 굽은 상태에서 광배근을 최대 수축하기는 어렵습니다.

이런 상황에서는 오히려 '승모근'과 '상완 이두근'의 개입이 커집니다.

[등이 굽은 형태의 운동 모습 예시]

등 근육(광배근)의 이해

따라서 광배근을 제대로 운동하기 위해서는 아래의 3가지 조건이 필요합니다.

1. 등, 허리가 펴지거나 약간 과신전(필요 이상으로 등과 허리를 펴는 것)을 시켜서 고정합니다.

2. 몸통이 아닌 팔을 이용해야 합니다.

3. 운동 시, 위 팔을 안으로 돌린(내회전) 상태로 몸통에 붙여 당깁니다.

이러한 조건에서 한 가지라도 어긋날 경우, 다른 부위의 근육이 힘을 쓰게 될 가능성이 높으며 대부분의 경우는 광배근 운동을 하기보다는 승모근이 수축되어 운동을 하게 됩니다.

광배근을 운동할 때, 느낌은 생각보다 아래쪽에 두어야 하며, 팔을 몸 뒤로 당기는 동작의 운동을 할 때는 배꼽 아래쪽으로 당겨야 광배근에 많은 자극을 줄 수 있습니다.

[시티드 로우]

[바벨 로우]

등 운동을 할 때는 특정 운동을 먼저 하실 필요는 없습니다.

제일 먼저 실시하는 종목이 가장 집중도가 높으며 많은 힘을 쓸 수가 있기 때문에 팔을 몸 뒤로 당기는 동작과 팔을 내려 몸에 붙이는 동작을 활용한 운동을 번갈아 실시해 주는 것이 효과적입니다.

운동에 관심이 있는 분들의 경우, 아래쪽에서부터 넓게 역삼각형으로 펼쳐지는 광배를 원할 겁니다.

원하는 광배근의 모양을 위해서 열심히 운동을 하지만 광배근의 모양은 이미 타고난 부분으로 정해져 있습니다.

[크리스마스 트리]

우리가 흔히들 말하는 등에 보이는 '크리스마스 트리'가 그 증거로써, '크리스마스 트리' 같은 힘줄은 근육과 뼈를 이어주는 역할을 할 뿐이지 근육으로 변하지 않습니다.

사람은 태어날 때 형성된 힘줄의 길이에 따라 근육의 모양이 정해져 있습니다. 타고난 체형을 극복해 나가고 더 보기 좋게 만드는 것은 본인의 역할입니다.

마지막으로 많은 영상에서 광배근의 두께(깊이)를 위한 운동과 광배근의 넓이를 위한 운동, 2가지 목적의 운동을 나누어서 설명하는 영상들이 많습니다.

안타깝게도 광배근은 이러한 목적으로 나누어서 할 수 있는 운동이 없습니다.

'등' 자체를 두껍게 보이게 하는 것은 승모근의 역할이며, '등' 자체를 넓게 보이도록 하는 것이 광배근의 역할입니다.

[승모근]   [광배근]

광배근 스트레칭

step 1-1.

사용근육 및 관절	광배근 / 어깨 관절
유지 시간	10초 / 2회

양 손을 평평한 바에 얹은 후 팔을 쭉 피며 가슴을 편 상태로 상체를 밑으로 쭉 눌러줍니다.

step 1-2.

사용근육 및 관절	광배근 / 어깨 관절

유지 시간	10초 / 2회

한 손을 평평한 바에 얹은 후 팔을 고관절 쪽으로 내려줍니다.

광배근 스트레칭

step 2.

사용근육 및 관절	광배근 / 어깨 관절
유지 시간	10초 / 3회

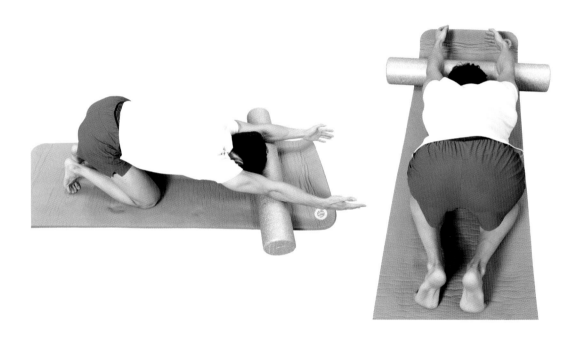

팔꿈치를 폼롤러에 얹은 후 겨드랑이를 바닥에 붙인다는 생각으로 지그시 눌러줍니다.

step 3.

사용근육 및 관절	광배근 / 어깨 관절
유지 시간	30초 / 2회

무릎을 꿇고 앉는 후 팔을 앞으로 쭉 뻗습니다.
팔을 최대한 앞으로 보낸 후 겨드랑이가 땅에 닿도록 몸을 숙입니다.
30초간 유지 후 천천히 돌아옵니다.

랫 풀 다운
Lat Pull Down

step 1.
준비 자세

호흡

준비를 위해
숨을 마셔
줍니다

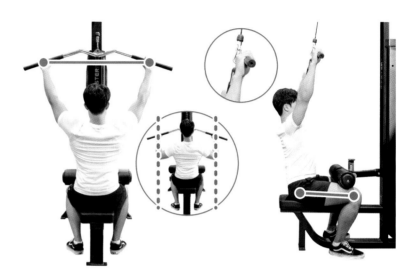

무릎 패드를 허벅지가 바닥과 수평이 되도록 조정해 줍니다.
가슴을 펴고 손목을 꺾지 않은 상태로 손잡이를 잡습니다.
손잡이는 팔을 내렸을 때, 팔이 바닥과 수직이 될 때의 넓이로
잡아줍니다.

step 2.
운동 시 자세

호흡

당겨주면서
숨을 뱉어
줍니다

수직으로 손잡이를 당겨줍니다. 팔꿈치를 몸쪽으로 붙인다는 생각
으로 당깁니다.

step 3.
돌아오는 자세

호흡

준비 자세로 돌아오면서 천천히 숨을 마셔줍니다

무게감을 천천히 느끼면서 준비 자세로 돌아옵니다.

▶ TIP

잘못된 자세	올바른 자세

팔꿈치가 뒤로 빠지지 않도록 주의합니다	수직으로 손잡이를 당겨줄 수 있도록 합니다

시티드 로우
Seated Row

step 1.
준비 자세

호흡

숨을 마셔서
몸을 고정해
줍니다

가슴을 활짝 펴 준 상태에서 무릎을 약간 구부린 채, 준비해 줍니다.

step 2.
운동 시 자세

호흡

이때, 당기면서
숨을 천천히
뱉어 줍니다

팔꿈치를 뒤로 보낸다는 생각으로 배꼽 쪽으로 당깁니다.

96

step 3.
돌아오는 자세

호흡

이 때, 힘을 빼면서 숨을 마셔줍니다

무게 저항을 느끼면서 천천히 준비 자세로 돌아옵니다.

▶TIP

잘못된 자세

과도하게 허리를 뒤로 젖히며 움직이지 않습니다

올바른 자세

가슴을 활짝 펴 준 상태에서 몸을 고정해 당겨줍니다

루마니안 데드리프트
Romanian Deadlift

운동 부위 등(광배근)

step 1.
준비 자세

어깨에서 주먹 하나가 들어갈 정도로 역기(바벨)를 들어줍니다.
가슴을 펴 준 상태에서 준비합니다.

step 2.
운동 시 자세

가슴을 편 상태에서 엉덩이를 자연스럽게 빼 주면서 수직으로 역기
(바벨)를 무릎 아래까지 내려 줍니다.

step 3.
돌아오는
자세

호흡

준비 자세로
돌아온 뒤, 숨을
뱉고 다시 숨을
마셔줍니다

가슴을 펴 준 상태를 유지하며, 역기(바벨)를 수직으로 들어올려
처음 자세로 돌아옵니다.

 TIP

잘못된 자세	올바른 자세

등과 허리가 굽은 상태로
운동하지 않습니다

가슴을 펴고 배에 힘을 준 상태에서
운동합니다

인버티드 로우
Inverted Row

운동 부위

등(광배근)

step 1.
준비 자세

호흡
몸이 흔들리지
않게 호흡을
마셔줍니다

어깨 넓이에서 주먹 1개 정도 넓게 손잡이를 잡아 줍니다.
골반 위쪽에 역기가 오도록 위치해 줍니다. 잡고 나서 가슴을 펴
준 상태에서 준비해 줍니다.

step 2.
운동 시 자세

호흡
팔꿈치가 몸 뒤
로 위치할 때,
숨을 뱉어
줍니다

팔로 당긴다는 생각이 아닌 팔꿈치를 뒤로 보낸다는 생각으로 운동
합니다.

step 3.
돌아오는 자세

호흡

준비 자세로 돌아오면서 천천히 숨을 마셔줍니다

버텨주면서 내려온다는 생각으로 준비 자세로 돌아옵니다.

TIP

잘못된 자세	올바른 자세

팔로 당기면서
어깨가 움츠러 들면 안 됩니다

어깨가 뜨지 않게
겨드랑이에 힘을 준 상태로 당겨 줍니다

벤트 오버 바벨 로우

Bent Over Barbell Row

등(광배근) 운동 부위

step 1.
준비 자세

호흡

숨을 마셔서 몸이 흔들리지 않게 고정해 줍니다

어깨에서 주먹 하나가 들어갈 정도로 역기(바벨)을 들어줍니다. 가슴을 펴 준 상태에서 엉덩이만 뒤로 뺀 뒤 역기(바벨)가 무릎 아래에 오게 준비해 줍니다.

step 2.
운동 시 자세

호흡

이 때, 숨을 뱉지 말고 참아줍니다

사선 방향으로 팔꿈치를 몸보다 뒤로 보낸다는 생각으로 역기(바벨)를 배꼽 아래로 당겨줍니다.

step 3.
돌아오는 자세

호흡

준비 자세로 돌아온 뒤, 숨을 뱉고 다시 숨을 마셔줍니다

무게를 느끼면서 천천히 준비 자세로 돌아옵니다.

TIP

잘못된 자세	올바른 자세

등과 허리가 굽은 상태로 당기지 않습니다	가슴을 편 상태에서 당겨 줍니다

원 암 덤벨 로우
One Arm Dumbbell Row

운동 부위   등(광배근)

step 1.
준비 자세

호흡

준비를 위해
숨을 마셔
줍니다

가슴을 편 상태에서 손과 무릎을 꺾이지 않게 벤치에 얹어줍니다.
아령(덤벨)을 쥔 팔은 지면과 수직으로 준비해 줍니다.

step 2.
운동 시 자세

호흡

당겨주면서
숨을 뱉어
줍니다

팔꿈치를 몸 뒤로 당긴다는 생각을 가지고 아령(덤벨)을 배꼽 쪽으
로 당겨줍니다.

난이도
어려움

step 3.
돌아오는
자세

호흡

내려주면서
숨을 마셔
줍니다

무게감을 느끼면서 천천히 내려줍니다.

▼TIP

잘못된 자세	올바른 자세

등과 허리가 펴지지 않은 상태로 운동하지 않습니다	가슴을 펴 준 상태로 운동해 줍니다

풀 업
Pull Up

등(광배근)

step 1.
준비 자세

호흡

숨을 충분히
마셔줍니다

손등을 밖으로 향한 상태로 어깨 너비에서 주먹 2개 정도 넓게
잡습니다. 등과 허리를 편 상태로 준비해 줍니다.

step 2.
운동 시 자세

호흡

숨을 뱉지 말고
참아줍니다

팔꿈치를 몸에 붙인다는 생각으로 몸을 당겨줍니다.

추천 운동량	휴식 시간	
4set 8~15회	2분	

step 3.
돌아오는 자세

호흡

준비 자세로 돌아왔을 때, 숨을 뱉어주고 다시 마셔줍니다

천천히 힘을 빼주면서 준비 자세로 돌아옵니다.

▼TIP

잘못된 자세

어깨가 움츠러 들면서
모아지지 않도록 조심합니다

올바른 자세

팔꿈치를 몸에 붙인다는 생각으로
당겨줍니다

I

chapter

운동 방법

5. 어깨(삼각근) & 등(승모근)

어깨(삼각근)&등(승모근)의 이해

이번 시간에는 삼각근과 승모근을 함께 알아보겠습니다.

[삼각근]   [승모근]

삼각근은 어깨에 위치한 근육으로 팔을 여러 각도로 움직이도록 하는 근육입니다.

앞, 옆, 뒤 3개의 면에 위치하며 삼각형 모양의 근육이라서 '삼각근'이라고 이름 지었습니다.

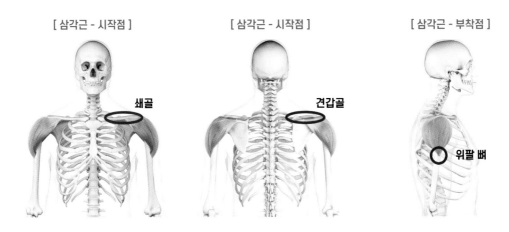

[삼각근 - 시작점]   [삼각근 - 시작점]   [삼각근 - 부착점]

쇄골   견갑골   위팔 뼈

삼각근은 전체적으로는 쇄골과 견갑골에서 시작해서 위팔 뼈에 붙어 있는 근육으로 이름 그대로 3방향에서 많은 기능이 일어납니다.

어깨를 구성하는 관절인 '견관절'은 절구에 공이가 결합된 형태로 팔과 관련된 거의 모든 동작이 일어나도록 하지만 안전성이 떨어지기에 그만큼 부상의 위험도 많은 부위입니다.

[견관절 - 전면]　　　　　　　　　　　　　[견관절 - 후면]

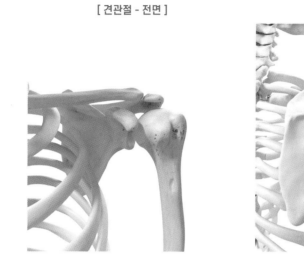

삼각근의 전면부인 '전면 삼각근'은 쇄골의 바깥쪽인 1/3 지점에서 시작하여 팔을 앞으로 들어올리는 동작과 위팔을 안으로 돌리는 동작(내회전)을 수행합니다.

[전면 삼각근]　　　　[팔을 앞으로 들어올리는 동작]　　　[위팔을 안으로 돌리는 동작(내회전)]

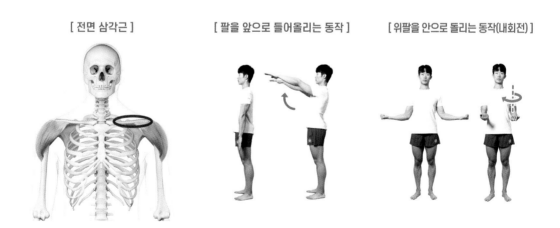

어깨(삼각근) & 등(승모근)의 이해

삼각근의 중앙 부분인 '측면 삼각근'은 견봉에서 시작해서 팔을 바깥으로 벌리는 동작을
수행합니다.

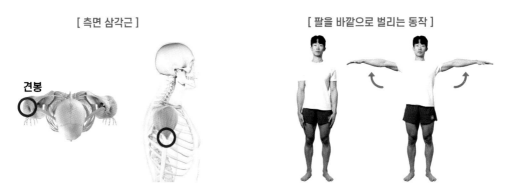

[측면 삼각근] [팔을 바깥으로 벌리는 동작]

견봉

'전면 삼각근'과 '측면 삼각근'은 움직임이 많고 많은 기능을 가지고 있기에 생활형 근육
으로 적근 섬유(붉은 색의 근섬유, 근지구력이 뛰어나지만 근력이 약한 특성을 가짐)가 발달
되어 있습니다.

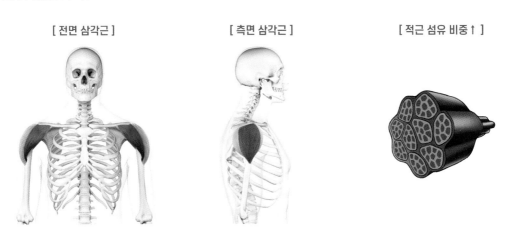

[전면 삼각근] [측면 삼각근] [적근 섬유 비중↑]

삼각근의 후면부에 위치한 '후면 삼각근'은 견갑극 바깥쪽에서 시작해서 팔을 수평 상태에서 뒤로 보내는 동작과 위팔을 밖으로 돌리는 동작(외회전)을 수행합니다.

'후면 삼각근'은 앞서 '전면', '측면'과 달리 쓰임새가 적기에 백근 섬유(흰 색의 근섬유, 근력이 강하지만 근지구력이 약함)가 발달되어 있어 운동을 통해 크게 발달시킬 수 있습니다.

[후면 삼각근]　　[팔을 수평 상태에서 뒤로 보내는 동작]　　[위팔을 밖으로 돌리는 동작 (외회전)]　　[백근 섬유 비중↑]

삼각근은 날개뼈인 '견갑골'과 위팔뼈인 '상완골'에서 일어나는 운동을 만들어 냅니다.

우리가 일상에서 잘 알지 못 하는 날개뼈는 몸에 고정되어 있지 않습니다. 만약, 날개뼈가 몸에 붙어 있다면 우리는 만세나 머리 감기조차 하지 못 할 겁니다.

하지만 다행히도 날개뼈는 고정되어 있지 않으며 날개뼈가 움직이도록 도와주는 근육이 승모근입니다.

승모근은 등의 위쪽에 위치해서 등의 절반을 차지할 정도로 큰 근육입니다. 승모근이라고 이름이 붙은 이유는 서양의 수도승이 쓰던 모자와 같이 생겼기 때문입니다. 우리에게는 가오리 모양이 더 잘 떠오르지만요.

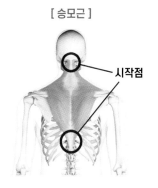

[승모근]

시작점

[가오리와 같은 생김새]

어깨(삼각근) & 등(승모근)의 이해

이 승모근은 경추와 흉추의 극돌기에서 시작해 날개뼈와 쇄골에 붙어 있는 근육으로 팔을 직접 움직이는 근육이 아닙니다. 하지만 팔의 움직임에 관여하는 날개뼈에 붙어있기에 팔의 가동 범위를 늘려주는 기능을 수행합니다.

승모근은 날개뼈를 기준으로 나누어 볼 수 있습니다.

목에서 날개뼈의 윗부분까지는 상부로 날개뼈 사이는 중부로 그 아래는 하부 승모근으로 볼 수 있습니다.

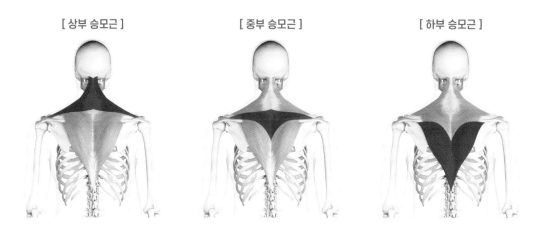

[상부 승모근]   [중부 승모근]   [하부 승모근]

삼각근의 대표적인 운동인 바벨 프레스는 바벨을 앞쪽으로 내리는 밀리터리 프레스와 바벨을 머리 뒤로 내리는 비하인드 넥프레스가 있습니다.

밀리터리 프레스의 경우, 전면 삼각근과 상부 대흉근의 힘이 많이 쓰이며

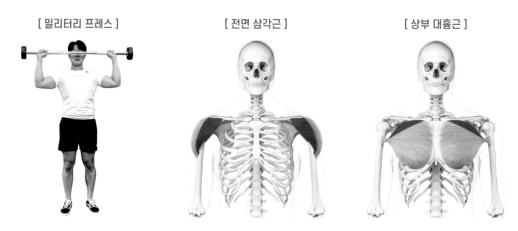

[밀리터리 프레스]   [전면 삼각근]   [상부 대흉근]

비하인드 넥 프레스의 경우, 삼각근 전체와 상부 승모근이 쓰이게 됩니다.

[비하인드 넥 프레스] 　　　 [삼각근 전체] 　　　 [상부 승모근]

 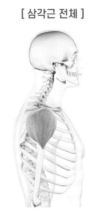 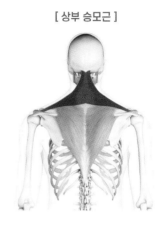

팔꿈치가 몸통을 기준으로 앞으로 나오느냐 안 나오느냐에 따라서 상부 승모근의 참여도가 달라지게 됩니다.

팔꿈치가 몸통 앞으로 나와 있지 않다면 대부분의 프레스 종류 어깨 운동은 상부 승모근이 같이 쓰일 수 밖에 없습니다.

[팔꿈치가 몸통 앞으로 나온 경우] 　　　 [팔꿈치가 몸통 앞으로 나오지 않은 경우]

어깨(삼각근)&등(승모근)의 이해

측면 삼각근 운동의 경우, 사이드 레터럴 레이즈가 대표적인 운동입니다.

측면 삼각근은 팔을 바깥으로 벌리는 동작에서 모두 사용 됩니다.

후면 삼각근 운동은 대표적으로 벤트 오버 레터럴 레이즈가 있습니다.

[측면 삼각근 대표 운동 - 사이드 레터럴 레이즈]　　[후면 삼각근 대표 운동 - 벤트 오버 레터럴 레이즈]

후면 삼각근은 앞서 이야기 한 대로 '팔을 수평 상태에서 뒤로 보내는 동작을 통해 운동을 하지만 견갑골 사이에 위치한 중부 승모근도 같은 방향으로 수축이 가능합니다.

따라서, 중부 승모근을 수축시키면서 후면삼각근을 수축시켜준다면 더 많은 중량과 자극을 줄 수 있습니다.

벤트 오버 레터럴 레이즈를 통한 운동이 어렵다면 시티드 로우를 활용해서 운동하는 것을 권장합니다.

손잡이를 넓게 잡은 상태에서 명치쪽으로 당기면서 날개뼈를 모아준다면 중부 승모근과 후면 삼각근을 같이 운동할 수 있습니다.

따라서, 승모근 운동은 삼각근과 묶어 운동한다면 효율적입니다.

[중부 승모근 & 후면 삼각근 운동용
시티드 로우 - 측면]

[중부 승모근 & 후면 삼각근 운동용
시티드 로우 - 후면]

추천하는 운동 순서는 바벨을 활용한 프레스 류 운동으로 시작해 아령(덤벨), 케이블을 활용하는 운동 순서로 하시는 것을 추천합니다.

[바벨 활용, 프레스 운동]

[아령(덤벨) 활용 운동]

[케이블 활용 운동]

어깨 스트레칭

step 1.

사용근육 및 관절	전면 삼각근 / 어깨 관절
유지 시간	5초 / 5회

오른쪽 진행 시 오른쪽 어깨는 내린 후 바닥에 어깨 전면 근육이 닿게 하고 팔을 쭉 폅니다.
왼쪽 팔은 위로 향할 수 있도록 쭉 뻗어줍니다.

step 2.

사용근육 및 관절	후면 삼각근 / 어깨 관절
유지 시간	10초 / 3회

왼팔을 오른쪽으로 쭉 뻗은 후 오른팔로 걸어 잡은 후 고개는 왼쪽으로 늘려줍니다.
반대 팔을 할 시 반대로 진행하면 됩니다.

밀리터리 프레스
Military Press

운동 부위

어깨(전면 삼각근)   대흉근 상부

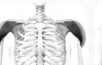

step 1.
준비 자세

호흡

몸이 흔들리지 않게 숨을 마셔 줍니다

역기(바벨)을 들어 눈높이나 귀 위치에서 준비해 줍니다.
몸은 가슴을 활짝 편 상태로 편안하게 서 줍니다.
이 때, 손 넓이는 아래 팔이 수직이 되는 넓이로 잡아줍니다.
팔꿈치는 몸보다 살짝 앞으로 보내줍니다.

step 2.
운동 시 자세

호흡

밀어 올려 주면서 숨을 뱉습니다

아래 팔을 수직으로 유지하면서 밀어 올려줍니다. 팔꿈치를 완전히 펴는 것이 아닌 조금 굽힌 상태까지 밀어 올려줍니다.

step 3.
돌아오는 자세

호흡

내리면서 숨을 마셔줍니다

무게를 느끼면서 아래팔을 수직으로 유지하며 내려줍니다.

▼ TIP

잘못된 자세	올바른 자세
사선으로 밀어올리지 않습니다	수직을 유지한 상태, 그대로 밀어올려 줍니다

숄더 프레스 머신
Shoulder Press Machine

운동 부위 어깨(전면 삼각근)

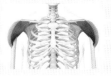

step 1.
준비 자세

호흡

준비를 위해
숨을 마셔
줍니다

손잡이 위치를 기준으로 의자 높낮이를 조절합니다.
귀보다 조금 높은 위치에서 준비해줍니다.
가슴을 펴고, 몸을 등받이에 붙여줍니다.
손잡이를 잡을 때, 지면과 수직이 되도록 잡습니다.

step 2.
운동 시 자세

호흡

밀어올리면서
천천히 숨을
뱉어줍니다

기구의 궤적에 따라 밀어 올려줍니다.
이 때, 손이 아닌 팔꿈치로 밀어준다는 생각으로 밀어줍니다.
팔꿈치가 다 펴지기 전까지만 밀어줍니다.

추천 운동량	휴식 시간
4set 8~15회	1분 30초

step 3.
돌아오는
자세

호흡

준비 자세로
돌아오면서
숨을 마셔
줍니다

궤적을 따라 무게감을 느끼면서 천천히 내려줍니다.

▶TIP

잘못된 자세

팔꿈치가 뒤로 빠지지 않게
주의합니다

올바른 자세

운동 기구의 궤적에 따라
팔을 움직입니다

프론트 레이즈
Front Raise

 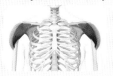

step 1.
준비 자세

호흡

준비를 위해 숨을 마셔 줍니다

가슴을 펴 주고 손등이 앞을 향한 상태로 잡아 준비해 줍니다.

step 2.
운동 시 자세

호흡

들어올리면서 천천히 숨을 뱉어줍니다

팔을 편 상태에서 턱 높이까지 들어올립니다.

124

난이도
쉬움

step 3.
돌아오는
자세

호흡
내려주면서
숨을 마셔
줍니다

무게감을 느끼면서 천천히 내려줍니다.

TIP

잘못된 자세

운동할 때,
허리를 뒤로 젖히지 않습니다

올바른 자세

가슴을 편 상태 그대로 운동해 줍니다

슈러그
Shrug

 운동 부위
등(상부 승모근)

step 1.
준비 자세

호흡

준비를 위해
숨을 마셔
줍니다

역기(바벨)를 어깨 넓이 정도로 잡아줍니다.
가슴을 펴 준 상태에서 보폭은 편한 상태로 서 줍니다.

step 2.
운동 시 자세

호흡

들어올리면서
숨을 뱉어
줍니다

어깨를 귀에 붙인다는 생각으로 들어줍니다.

step 3.
돌아오는
자세

호흡

내려주면서
천천히 숨을
마셔줍니다

천천히 무게 저항을 느끼면서 내려 줍니다.

TIP

잘못된 자세	올바른 자세

팔로 역기(바벨)을 당기지 않도록 합니다	팔은 그대로 둔 상태에서 어깨로만 들어올립니다

덤벨 숄더 프레스
운동 부위

Dumbbell Shoulder Press

어깨(전면 삼각근)　　대흉근 상부

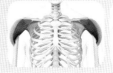

step 1.
준비 자세

호흡

준비를 위해
숨을 마셔
줍니다

가슴을 편 상태에서 팔을 몸보다 약간 앞으로 보내 줍니다.
아령(덤벨)을 눈에서 귀 사이에 위치해 줍니다.
팔은 지면과 수직으로 세워 줍니다.

step 2.
운동 시 자세

호흡

밀어주면서
숨을 뱉어
줍니다

아령(덤벨)을 수직으로 밀어줄 때, 팔꿈치로 밀어준다는 생각으로
들어줍니다. 이 때, 팔을 다 펴지말고 조금 굽혀진 상태까지 밀어
줍니다.

step 3. 돌아오는 자세

호흡
내려주면서 천천히 숨을 마셔줍니다

다시 아령(덤벨)을 수직으로 내려주며 준비 자세로 돌아옵니다.

 TIP

잘못된 자세

아령(덤벨)을 사선 방향으로 밀지 않도록 합니다

올바른 자세

아령(덤벨)을 수직으로 밀어줍니다

리버스 펙 덱 플라이

Reverse Pec Deck Fly

운동 부위

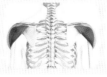

step 1.
준비 자세

호흡

준비를 위해
숨을 마셔
줍니다

의자의 높낮이는 손잡이를 잡았을 때, 몸과 팔이 수직이 되는 높이로
조절해 줍니다. 가슴을 펴고 준비해 줍니다.

step 2.
운동 시 자세

호흡

밀어주면서
천천히 숨을
뱉어 줍니다

팔을 편 상태에서 팔꿈치를 뒤로 보낸다는 생각으로 밀어줍니다.
이 때, 팔꿈치를 몸보다 조금 뒤로 보내 줍니다.

step 3.
돌아오는 자세

호흡

준비 자세로 돌아오면서 숨을 마셔 줍니다

밀었던 팔을 무게 저항을 느끼면서 천천히 돌아와 줍니다

▶ TIP

잘못된 자세 **올바른 자세**

팔꿈치를 굽히면서 밀어주지 않도록 합니다

팔꿈치를 펴준 상태로 밀어줍니다

사이드 래터럴 레이즈 운동 부위

Side Lateral Raise

어깨(측면 삼각근)

step 1.
준비 자세

호흡

준비를 위해
숨을 마셔
줍니다

가슴을 펴 주고 편한 상태로 준비해 줍니다.

step 2.
운동 시 자세

호흡

들어올리면서
천천히 숨을
뱉어줍니다

팔을 편 상태에서 어깨 높이까지 들어올려 줍니다.
팔을 사선 방향으로 몸에서 30도 정도 앞으로 들어줍니다.

추천 운동량	휴식 시간	
4set 8~15회	1분	 난이도 보통

step 3.
돌아오는
자세

호흡
내려주면서
숨을 마셔
줍니다

무게감을 느끼면서 천천히 내려줍니다.

▼ TIP

잘못된 자세

어깨 위로 과도하게
들어올리지 않습니다

올바른 자세

어깨 높이까지 들어올려 줍니다

벤트 오버 레터럴 레이즈

Bent Over Lateral Raise

운동 부위

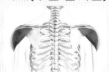

step 1.
준비 자세

호흡

준비를 위해 숨을 마셔 줍니다

상체를 숙이면서 엉덩이를 빼 준 상태에서 팔은 지면과 수직인 상태로 준비해 줍니다.

step 2.
운동 시 자세

호흡

들어올리면서 숨을 뱉어 줍니다

팔꿈치를 옆으로 밀어준다는 생각으로 들어올립니다.
팔을 어깨 선까지 들어올립니다.

step 3.
돌아오는
자세

호흡

내려주면서
숨을 마셔
줍니다

들어올렸던 무게를 버텨준다는 생각으로 내려줍니다.

▶ **TIP**

잘못된 자세

아령(덤벨)을 들어올릴 때,
몸이 움직이지 않도록 합니다

올바른 자세

몸을 고정한 상태에서
팔꿈치를 밀어줍니다

비하인드 넥 프레스
Behind Neck Press

운동 부위

어깨(삼각근 전체)

step 1.
준비 자세

호흡

준비한 상태
에서 숨을 마셔
줍니다

먼저 팔꿈치 각도가 수직이 되었을 때, 손넓이로 잡아 줍니다.
그 뒤, 가슴을 펴주고 머리를 앞으로 살짝 보낸 상태에서 준비해
줍니다.

step 2.
운동 시 자세

호흡

숨을 뱉지 않고
몸을 고정해
줍니다

가슴을 펴 주면서 역기(바벨)을 몸의 일직선상에 맞게 들어줍니다.

난이도
어려움

step 3.
돌아오는
자세

호흡

준비 자세로 돌아
왔을 때, 숨을
뱉고 다시 마셔
줍니다

일직선상 그대로 내려줍니다.

▼ **TIP**

잘못된 자세

올바른 자세

관절의 유연성을 넘어
내리지 않습니다

팔꿈치가 수직 각도가 될
정도만 내려줍니다

케이블 리버스 플라이
Cable Reverse Fly

운동 부위

어깨(후면 삼각근)   등(중부 승모근)

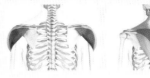

step 1.
준비 자세

호흡

이 때, 가슴을 활짝 펴 준 상태에서 숨을 마셔 줍니다

팔과 몸이 수직인 상태로 케이블을 잡아줍니다.

step 2.
운동 시 자세

호흡

당겨주면서 숨을 뱉어 줍니다

팔꿈치를 뒤로 밀어 최대한 당겨줍니다.

추천 운동량
4set
8~15회

휴식 시간
1분 30초

난이도
어려움

step 3.
돌아오는 자세

호흡

준비 자세로 돌아오면서 숨을 마셔 줍니다

그 뒤 케이블의 탄성을 천천히 버티며 준비 자세로 돌아옵니다.

◥TIP

잘못된 자세

팔을 사선 방향으로 내리지 않습니다

올바른 자세

팔이 몸과 수직인 상태로 팔꿈치를 밀어 줍니다

chapter

I

운동 방법

6. 배(복직근)

배 근육(복직근)의 이해

많은 사람들이 선망하는 근육 부위 중 하나인 식스팩, 복근에 대해 보겠습니다.

복근은 크게 3개의 근육으로 이루어져 있습니다.

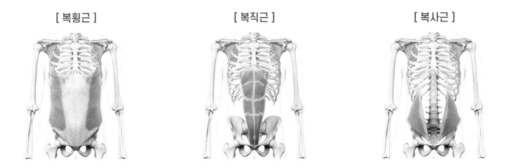

[복횡근]   [복직근]   [복사근]

가장 안쪽에 자리한 복횡근, 배꼽을 중심으로 가운데의 복직근, 가장자리에 복사근으로 구성되어 있습니다.

우리가 대부분 생각하는 복근은 복직근입니다.

복직근은 늑연골과 검상돌기에서 시작하여 치골에 붙는 긴 근육으로 이루어져 있습니다.

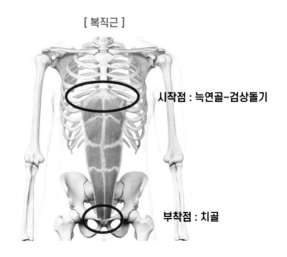

[복직근]

시작점 : 늑연골~검상돌기

부착점 : 치골

근육의 길이가 길면 수축력이 약하지만 의외로 복직근의 수축력은 약하지 않습니다.

그 이유는 가로로 보이는 건획이 각 구간을 나누고 있어 실제로는 여러 개의 짧은 복직근이 구간별로 수축하여 강한 힘을 발휘하기 때문입니다.

[건획] [건획별 수축]

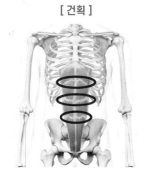 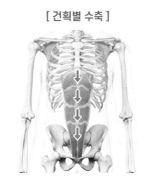

복직근이 수축을 하면 몸을 굽히는 동작을 만들어 냅니다.

많은 사람들이 복근 운동이라고 하면 윗몸 일으키기(싯 업)이나 레그 레이즈를 생각할 것입니다.

[윗몸 일으키기(싯 업)] [레그 레이즈]

하지만 이러한 운동들은 장요근의 힘으로 다리와 골반의 각도가 줄어들어 고관절의 굽힘 동작이 일어나는 형태입니다.

[장요근] [고관절의 굽힘 동작]
큰허리근(요근) 엉덩근(장골근)

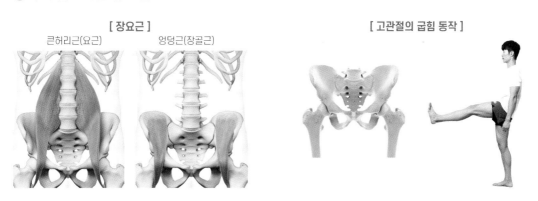

배 근육(복직근)의 이해

이 때, 복직근은 수축 상태로 힘만 들어가고 길이가 변하지 않는 '플랭크'와 같이 등척성 수축 운동 (근육의 길이가 변하지 않은 상태에서 버티는 형태로 힘이 들어가는 운동)을 하고 있습니다.

[플랭크]

즉, 장요근 운동입니다.

순수하게 복직근에만 자극을 가지고 싶다면 크런치를 하길 권합니다. 배의 가장자리에 위치한 복사근은 몸을 회전시키는 동작을 만들어 내기에 사이드 크런치 동작을 통해 운동을 하도록 합니다.

[크런치]   [사이드 크런치]

우리 몸의 복근은 몸통만을 사용해서 운동하는 근육입니다.

단순히 몸통만 굽히는 방식으로는 많은 수축을 기대하기는 어렵습니다. 따라서 호흡을 통해 근육의 길이와 수축을 최대화시켜 주어야 합니다.

크런치 동작에서 호흡을 들여 마셔 흉곽을 넓혀주어 최대한 이완시키고 다시 호흡을 내쉬면서 수축을 시켜주어야 합니다.

[이완 시]   [수축 시]

앞서 이야기 한 우리가 대표적으로 생각하는 윗몸 일으키기와 레그 레이즈는 허리와 다리에 붙어 있는 장요근의 영향을 많이 받습니다.

[윗몸 일으키기]

[레그 레이즈]

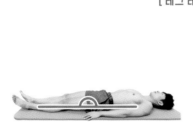

윗몸 일으키기는 다리를 고정한 상태에서 상체를 일으키기에 다리와 골반의 각도가 줄어들어 고관절의 굽힘 동작이 일어나고 레그 레이즈는 상체를 고정한 상태에서 다리를 끌어올려 고관절의 굽힘 동작을 만드는 운동입니다.

여기서 고관절의 굽힘 동작이 일어나기 위해서는 장요근에 상당한 수축을 요구하며, 우리가 사용하고자 하는 복근은 단순히 긴장 상태만 유지하는 등척성 수축을 하게 됩니다.

하지만 이 두 가지 운동으로 복근을 운동하는 방식이 있습니다. 몸통을 굽혀주는 동작을 반드시 수행해 주는 것입니다.

[윗몸 일으키기 - 몸 굽히기]　　　　　　[레그 레이즈 - 몸 굽히기]

배 근육(복직근)의 이해

복근을 위한 운동의 경우, 몸통을 말아주는 레그 레이즈를 우선적으로 한 다음, 팔과 다리의 힘이 빠졌을 때, 크런치로 마지막 남은 힘까지 짜준다는 느낌으로 운동하는 방식을 권장합니다.

[레그 레이즈 - 몸 굽히기]　　　　　　　　　　[크런치]

복근 운동은 가능하다면 주 3회 정도로 운동하는 것을 추천합니다.

복근 운동에 대한 정보를 찾다보면 윗 복근, 아랫 복근을 따로 운동한다는 식으로 정보를 제공하는 경우가 있습니다.

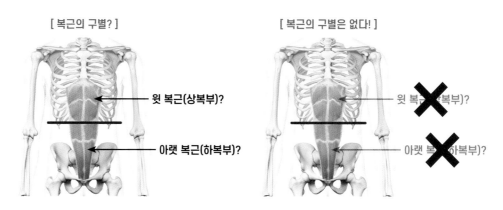

[복근의 구별?]　　　　　　　　　　[복근의 구별은 없다!]

하지만 이 경우는 틀린 말입니다. 복근은 중간에 뼈가 없습니다. 그렇기에 우리 배는 부를 수가 있습니다. 윗 복근을 운동하던 아랫 복근을 운동하던 똑같이 부하가 걸립니다.

또한 복근의 크기를 옆으로 키우거나 넓히는 것은 불가능합니다.

운동을 해서 발달이 되면 복근은 앞으로 튀어나오고 옆으로 가로지르는 건획은 제자리에 있기에 복근의 입체감이 더 생겨나게 됩니다.

[복근의 넓이 키우기]

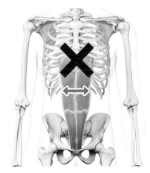

[복근의 입체감 상승]

복직근의 수축력은 보디빌더들이 하는 복근 자세를 보면 알게 됩니다. 상체를 숙여 배의 근육을 찍을 듯이 보여주는 데, 이 정도가 딱 복근의 수축력입니다.

복근은 이정도의 수축력 정도로 많은 횟수를 실시해야 하며, 다른 부위처럼 펌핑감이 느껴지기보다는 알싸한 통증이 느껴집니다.

[보디빌딩 복근 포즈]

배 근육(복직근)의 이해

다른 근육보다 많은 운동 횟수를 가지는 방식으로 실시해 주도록 하는 것이 중요합니다.
가능하면 대략 50회 정도(최대한 많이) 실시한 다음, 다시 50회 정도 실시합니다.

[복근 스트레칭 예시]

복근은 수축력도 중요하지만 잘 늘어나야 하기에 다른 부위와 달리 복근은 매 세트마다
스트레칭을 해주도록 합니다.

복근 스트레칭

step 1.

사용근육 및 관절	복직근 / 몸통
유지 시간	15초 / 2회

바닥에 엎드려 누운 상태에서 두 다리를 쭉 뻗고 팔꿈치를 구부려 손을 바닥에 댄 후 숨을 들이 마시며 팔꿈치를 펴 상체를 세워줍니다.

크런치
Crunch

배(복직근)

step 1.
준비 자세

호흡

숨을 조금 마셔
줍니다

바닥에 발을 붙이고 손을 머리 뒤에 둡니다. 상체를 바닥에 붙여
준비해 줍니다.

step 2.
운동 시 자세

호흡

몸을 말아
주면서 숨을
뱉어 줍니다

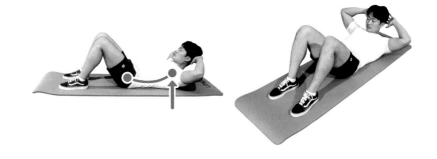

몸을 둥글게 말아 줍니다. 이 때, 날개뼈가 바닥에서 뜨는 정도
까지만 말아줍니다.

step 3.
돌아오는
자세

호흡

몸을 펴주면서 숨을 마셔 줍니다

말았던 몸을 다시 펴줍니다.

TIP

잘못된 자세

목을 과도하게 꺾지 않도록 합니다

올바른 자세

손을 목 뒤에 두고 몸을 말아줍니다

윗몸 일으키기
Sit Up

운동 부위 배(복직근)

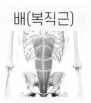

step 1.
준비 자세

호흡

이 때, 숨을 약간만 마셔 줍니다

발을 바닥에 붙여 다리가 흔들리지 않게 준비해 줍니다.

step 2.
운동 시 자세

호흡

이 때, 몸을 최대한 말아준 뒤 숨을 뱉어 줍니다

몸을 위에서부터 둥글게 말면서 무릎 쪽으로 붙여줍니다.

step 3.
돌아오는
자세

호흡

이 때, 몸을
펴면서 숨을
마셔줍니다

천천히 몸을 펴주면서 준비자세로 돌아옵니다.

TIP

잘못된 자세

몸을 말아줄 때,
목을 과도하게 꺾지 않습니다

올바른 자세

손을 단순히 머리 뒤에
놓아준다고 생각해 줍니다

레그 레이즈
Leg Raise

운동 부위

배(복직근)

step 1.
준비 자세

호흡

준비를 위해
숨을 마셔
줍니다

바닥에 편하게 누운 뒤 다리를 조금 들어주고
복근에 힘을 줘 준비합니다.

step 2.
운동 시 자세

호흡

몸을 말아
주면서 숨을
뱉어줍니다

다리를 들어 골반이 뜨는 정도까지 몸을 말아줍니다.
이 때, 지나치게 많이 들어올릴 경우, 허리를 다칠 수 있습니다.

step 3.
돌아오는 자세

호흡
다리를 내려
주면서 숨을
마셔 줍니다

배에 힘을 주어 다리를 내려줍니다. 바닥에 다 내리지 않고 다시
준비해 줍니다.

▶ **TIP**

잘못된 자세	올바른 자세
다리를 올리기만 하면 복근을 사용하기 어렵습니다	골반까지 들어올려 줘서 몸이 말릴 수 있도록 해 줍니다

행잉 레그 레이즈
Hanging Leg Raise

운동 부위

배(복직근)

step 1.
준비 자세

호흡

이 때, 숨을 마신 상태로 준비합니다

편안하게 손잡이를 잡은 상태로 준비해 줍니다. 흔들리지 않게 몸을 고정해 줍니다.

step 2.
운동 시 자세

호흡

이 때, 복근을 수축시킨 후에 숨을 뱉어 줍니다

몸을 말아올린다는 생각으로 무릎을 배꼽 높이보다 더 높이 들어 복근을 수축합니다.

step 3.
돌아오는 자세

호흡

준비 자세로 돌아올 때, 다시 숨을 마셔 줍니다

복근에 힘을 준 상태로 다리를 천천히 내려 줍니다.
(발을 바닥보다 높이 두어 복근에 긴장이 유지되도록 합니다.)

TIP

잘못된 자세

앞뒤로 몸을 흔들면서
운동하지 않습니다

올바른 자세

몸이 흔들리지 않게
고정해 준 상태에서 무릎을 올려줍니다

AB 슬라이드
AB Slide

step 1.
준비 자세

호흡

준비를 위해
숨을 마셔
줍니다

가슴을 편 상태로 어깨 넓이만큼 잡아줍니다.

step 2.
운동 시 자세

호흡

숨을 뱉지 말고
참아줍니다

복근에 먼저 힘을 준 상태로 팔을 앞으로 밀어줍니다.

step 3.
돌아오는 자세

호흡
숨을 참은 상태에서 돌아온 뒤, 숨을 뱉고 다시 숨을 마셔 줍니다.

복근에 힘을 유지해 주면서 팔을 다시 몸으로 붙여줍니다.

◢ TIP

잘못된 자세

등과 허리를 굽히지 않도록 합니다

올바른 자세

등과 허리를 펴서
복근으로 버티도록 합니다

케이블 크런치
Cable Crunch

배(복직근)

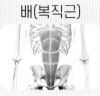

step 1.
준비 자세

호흡

이 때, 숨을
마셔줍니다

무릎을 수직으로 세운 상태로 준비해 줍니다.

step 2.
운동 시 자세

호흡

몸을 최대한
말아줬을 때,
숨을 뱉어
줍니다

다리는 움직이지 않은 상태에서 가슴을 배에 붙인다는 생각으로
몸을 말아줍니다.

step 3.
돌아오는
자세

호흡

준비 자세로
돌아오면서
숨을 마셔
줍니다

케이블의 탄성을 천천히 버티며 준비 자세로 돌아옵니다.

▼TIP

잘못된 자세   **올바른 자세**

엉덩이를 뒤로 빼면서
몸을 말지 않습니다

다리를 고정한 상태에서
몸을 말아줍니다

I
chapter

운동 방법

7. 하체
(대퇴사두근&둔근, 햄스트링)

· 대퇴사두근&둔근의 이해
· 햄스트링의 이해
· 대퇴사두근 스트레칭
· 햄스트링 스트레칭
· 레그 익스텐션
· 레그 컬
· 굿 모닝
· 스쿼트
· 레그 프레스
· 아웃 싸이
· 이너 싸이
· 런지
· 프론트 스쿼트
· 컨벤셔널 데드리프트
· 스모 데드리프트

대퇴사두근&둔근의 이해

이번에는 대퇴사두근과 둔근을 같이 알아보도록 하겠습니다.

대퇴사두근과 둔근의 경우, 서로 다른 부위에 부착된 근육이지만 다리를 움직이는 데에 있어서 움직임을 공유합니다. 먼저 대퇴사두근부터 살펴보겠습니다.

대퇴사두근은 크게 직근과 광근으로 나눌 수가 있습니다. 광근은 다시 내측광근, 중간광근, 외측광근으로 나누어 집니다. 이렇게 4개의 근육이 하나의 힘줄에 연결되어있으며 총칭해서 대퇴사두근입니다. 중간광근은 직근의 아래쪽에 위치하여 보이지는 않습니다.

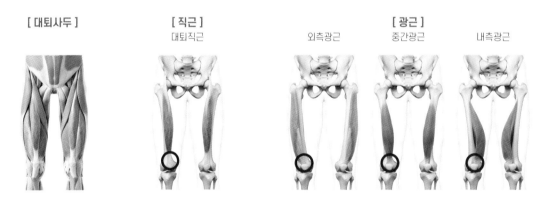

직근과 광근의 가장 큰 차이점은 근육이 시작하는 지점입니다. 직근은 골반뼈의 전하장골극 (앞+아래+장골+극)에서 시작하는 반면 광근은 대퇴골에서 시작합니다. 그리고 직근과 광근은 무릎 바로 아래인 경골에 붙습니다.

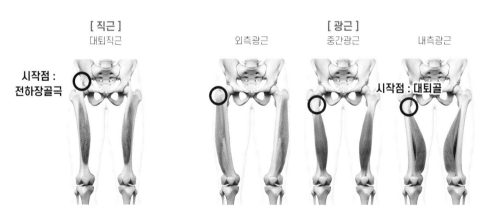

고관절은 어깨 관절과 같은 절구 형태의 구와관절이지만 관절의 깊이가 다릅니다. 어깨 관절은 얇게 관절이 박혀있어 가동범위가 커서 운동기능이 좋지만 쉽게 탈골되는 경우가 많습니다. 반면 고관절은 대퇴골두가 깊이 박혀있어 안정성이 좋습니다. 대신 운동 가동 범위가 어깨 관절만큼 크지는 않습니다.

[고관절]　　　　　　　　　　　[어깨 관절]

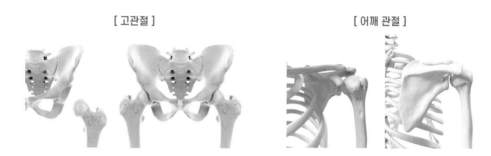

대퇴사두근은 공통적으로 무릎 관절을 펴는 동작을 수행하며 특히 광근은 무릎 관절을 펴는 동작을 수행하는 데 대부분의 힘을 씁니다. 하지만 직근은 고관절과 무릎 관절 2개의 관절을 덮고 있는 근육입니다. 따라서 둘 중 하나는 고정이 됐을 때 수축력이 발생합니다.

[무릎을 접은 사진]　　　　　　　　[무릎을 펴는 사진]

※ 광근의 대부분이 해당 동작에서 사용됨

대퇴사두근&둔근의 이해

[무릎이 고정된 상태]   [고관절이 고정된 상태]

※ 직근이 수축하기 위해서는 고관절이나 무릎 관절, 둘 중 하나가 고정된 상태에서 다른 관절이 움직여야 합니다

고관절과 무릎 관절을 움직이는 스쿼트를 실시할 때 보이지 않던 직근이 레그 익스텐션이나 윗몸 일으키기, 레그 레이즈를 할 때 선명하게 나타나는 경우가 있습니다. 생각해보면 이 운동들은 고관절이나 무릎 관절 중 하나를 고정한 상태로 운동하는 경우입니다.

[고관절 & 무릎 관절 사용]   [대퇴직근 사용 운동]
스쿼트   무릎 관절 이용 - 레그 익스텐션   고관절 이용 - 윗몸 일으키기   고관절 이용 - 레그 레이즈

직근은 강한 힘을 쓰는 근육이 아닙니다. 걸음을 걸을 때 어디에다 발을 내려놓을지 정도의 근력을 쓴다고 생각하면 됩니다.

[대퇴직근]   [걸을 때, 사용]

평지를 걸을때는 생각보다 대퇴부 근육은 쓰이지 않습니다. 대부분 종아리 근육이 많이
쓰이므로 적근이 발달되어 있는 반면 대퇴부는 적근과 백근이 적당히 골고루 있다고 보면
됩니다.

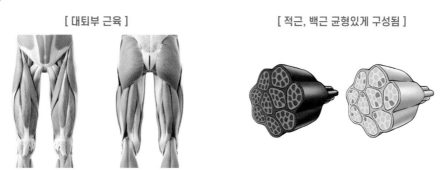

[대퇴부 근육]   [적근, 백근 균형있게 구성됨]

둔근은 대둔근, 중둔근, 소둔근으로 이루어지며 대둔근은 중둔근과 소둔근을 모두 덮고
있을 만큼 가장 큰 근육이기도 합니다. 그만큼 강한 근력을 발휘하는 근육입니다.

[둔근]

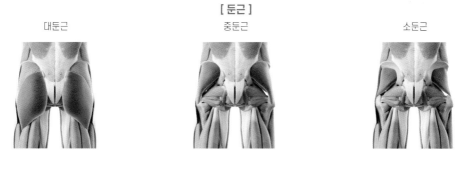

대둔근   중둔근   소둔근

장골, 천골, 미골에 시작해서 대퇴골 바깥쪽에 붙습니다.

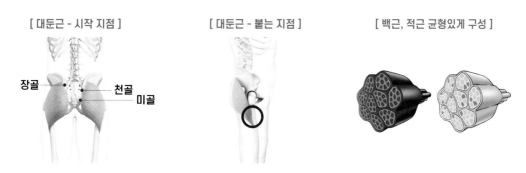

[대둔근 - 시작 지점]   [대둔근 - 붙는 지점]   [백근, 적근 균형있게 구성]

장골   천골
            미골

골반의 후면부 전체를 덮고 있는 근육으로 인체를 움직이고 지탱하는데 있어 가장 중요한
근육 중 하나입니다. 이렇듯 둔근의 경우, 지구력과 근력을 모두 갖춘 근육이기에 백근과
적근을 골고루 가지고 있는 근육이기도 합니다.

대퇴사두근&둔근의 이해

대둔근은 그렇다면 어떤 역할을 할까요?

대부분의 포유류는 사족보행을 하지만 가끔 이족보행을 하는 동물도 있습니다. 원숭이, 곰, 펭귄, 캥거루 등이 속합니다. 하지만 보행 시 매우 불안정하거나 잠시 서 있는 수준입니다.

하지만 인간은 완벽하게 두 발로 서서 직립보행을 하며 심지어 빠르게 달릴 수도 있습니다. 이러한 차이는 바로 대둔근에서 나타납니다. 네 발로 다니는 포유류의 경우 대둔근이 거의 없다고 보아도 됩니다.

[사람] [원숭이] [펭귄]

그만큼 대둔근은 상체를 세우고 지탱하는 중요한 근육입니다. 허리를 숙여 물건을 들어 올리거나 의자에 앉았다 일어서는 동작 등 일상에서 고관절을 움직여 허리를 곧게 세워 상체를 펴는 동작은 대둔근에서 발휘됩니다.

[허리 굽혀 물건 들어 올리기] [의자에 앉았다 일어나기]

만약 대둔근이 노화, 부상 등의 이유로 약해지거나 손상이 간다면 상체가 앞으로 기울어져 구부정한 모습이 됩니다.

근육의 결을 보면 뼈를 돌릴 수 있게 하는 회전 기능이 있는 데 근육을 살펴보면 사선(/)의 결을 지니고 있습니다. 따라서 다리를 바깥으로 돌리는 역할을 통해 무릎이 벌어지도록 하는 역할(외회전)을 합니다. 이는 스쿼트 운동시 다리의 회전에 따라 대둔근의 최대 수축에 관여를 할 수도 있습니다.

[무릎을 일자로 해서 선 경우]   [무릎을 밖으로 벌리는 동작(외회전)]

이렇게 근육을 따로 보게 되면 서로 다른 기능을 수행하기에 서로 연관이 없을 것처럼 보입니다. 하지만 이것은 우리가 아는 '스쿼트' 동작을 생각해 본다면 연관이 있다는 것을 알 수 있습니다.

'스쿼트'를 하게 되면 대퇴사두근이 늘어나게 되는 데, 이 때 골반으로부터 대퇴골에 붙은 대둔근도 같이 늘어나게 됩니다. 대퇴사두근을 통해서 다리가 흔들리지 않도록 잡아주는 역할을 하고 대둔근을 통해서 골반에 붙어 상체가 흔들리지 않도록 잡아주는 역할을 수행해 서로 다른 역할을 통해서 신체를 안정적으로 움직이도록 합니다. 즉, 몸의 안정화를 위해서 서로를 보완해 주는 역할을 합니다.

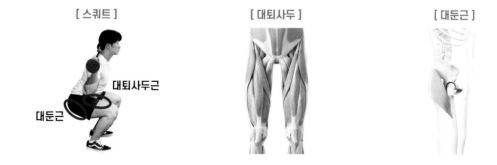

[스쿼트]   [대퇴사두]   [대둔근]

대퇴사두근
대둔근

대퇴사두근&둔근의 이해

하체의 대표적인 운동인 '스쿼트'의 동작은 종아리 근육으로 바닥을 꼬집듯이 누르며 대퇴사두근으로 무릎 관절을 움직이며 대둔근으로 고관절을 움직이고 등의 승모근과 광배근은 등척성 수축을 통해 척추를 보호해주는 전신운동입니다.

[종아리, 대퇴사두근 & 대둔근]   [등의 승모근 & 광배근]

반면 유사한 움직임을 가지는 파워 레그프레스의 경우 편히 누워서 다리만으로 밀기 때문에 등에 부담이 적으면서 대둔근의 움직임도 적어 대퇴부에 집중적으로 운동할 수 있으며 스쿼트 보다는 안전하게 중량을 다룰 수 있다는 장점이 있습니다.

[파워 레그 프레스]

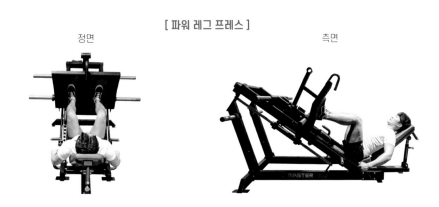

정면   측면

스쿼트는 많은 근육이 참여하고 에너지 소모량이 많아 유일하게 웨이트 트레이닝 중 유산소성 운동에 속합니다.

주의할 점은 허리가 숙여지거나 지나치게 뒤로 젖혀지지 않도록 주의하면서 실시하여야 합니다.

[허리가 숙여지는 경우]   [지나치게 뒤로 젖혀지는 경우]

그러기 위해서는 햄스트링의 스트레칭을 해주어 궁둥뼈가 뒤로 충분히 빠져 등이 굽지 않게 합니다.

[햄스트링 스트레칭]

여성의 경우 등의 근력이 약해 가슴을 내밀고 활처럼 과신전 시켜 허리뼈(척주)에 바벨을 올리고 하는 형태를 만들게 됩니다. 이 경우 등 근육을 같이 단련해 주어야 합니다.

[여성의 과신전 사진]   [추천 등 근육]

※ 허리근육이 약한 여성에게 위의 2가지 운동이 좋습니다

대퇴사두근&둔근의 이해

양발을 수평으로(11자 형태) 둔 상태로 스쿼트 운동을 할 경우 무릎을 많이 사용하게 되며 허벅지 근육 전체에 많은 자극이 주어집니다. 하지만 무릎을 바깥으로 돌려 V자 형태로 만들어 스쿼트를 실시한다면 대둔근의 외회전 기능을 활성화하여 대둔근의 최대수축을 기대할 수가 있습니다. 무릎 관절 및 척추의 보호를 위해서는 무릎 관절보다는 고관절을 이용하여야 하며 그러기 위해서는 대둔근을 최대한 활용하는 동작이 필요합니다.

[양발 수평 형태(11자 형태) 스쿼트]　　　　　[양발 V자 형태 스쿼트]

1. 어깨넓이보다 약간 넓게 바벨을 잡고 목뼈 바로 아래에 있는 승모근에 바벨이 닿도록 하여 등과 다리에 힘을 주고 똑바로 선다.

2. 종아리에 힘을 주어 땅을 발바닥으로 꼬집듯 누르고 호흡을 들여마신 상태로 엉덩이가 뒤로 빠지면서 등에 긴장을 풀지 않고 허벅지가 수평에 가깝게 무릎을 굽혀준다.

3. 엉덩이와 등에 힘을 먼저 주어 허리를 곧게 세우면서 무릎을 펴준다. 그리고 호흡을 내어쉰다.

항상 대둔근에 집중해서 고관절을 이용한 스쿼트를 한다면 관절보호와 근육성장에 도움이
될 것입니다. 굿 모닝 + 레그 익스텐션 = 스쿼트 라고 생각하며 대둔근에 신경을 더 쓰도록
하면 좋습니다.

[굿 모닝]   [레그 익스텐션]   [스쿼트]

대퇴사두근을 키우기 위해서 무조건 스쿼트를 먼저 실시할 필요는 없습니다. 위에서 언급한
바와 같이 전신의 근육으로 운동하는 종목인 만큼 그전에 대퇴사두근만 펌핑시킬 수 있는
레그 익스텐션을 먼저 실시하면 많은 중량과 집중을 하여 운동할 수 있습니다. 이후에 스쿼트
를 실시하더라도 크게 중량이 떨어지진 않을 것입니다. 이후 다른 운동도 순서를 섞어가면서
해본다면 매번 새로운 느낌을 찾을 수 있습니다.

추천하는 운동 순서는 레그 익스텐션 - 스쿼트 or 레그 익스텐션 - 스쿼트 - 런지를 추천
합니다.

< 대퇴사두근 운동 >

1.   [레그 익스텐션]   [스쿼트]

2.   [레그 익스텐션]   [스쿼트]   [런지]

대퇴사두근&둔근의 이해

대둔근은 대둔근만 타깃으로 하는 굿 모닝과 같은 단일운동도 있지만 다른 부위와 협업하여
2가지 이상의 관절을 활용하는 것을 추천하며

컨벤셔널 데드리프트 – 굿 모닝 or 스쿼트 – 굿 모닝의 순서대로 가능하다면 실시하는 것을
추천드립니다.

< 대둔근 운동 >

1.

[컨벤셔널 데드리프트]

[굿 모닝]

2.

[스쿼트]

[굿 모닝]

만약 대퇴사두근과 둔근을 같이 운동하게 된다면

스쿼트 - 파워 레그 프레스 - 굿 모닝 or 스쿼트 - 컨벤셔널 데드리프트 - 레그 익스텐션 - 굿 모닝으로 실시하는 것을 추천합니다.

< 대퇴사두근 + 둔근 운동 >

1. [스쿼트]   [파워 레그 프레스]   [굿 모닝]

2. [스쿼트] [컨벤셔널 데드리프트] [레그 익스텐션] [굿 모닝]

햄스트링의 이해

햄스트링은 다른 말로 슬곡근이라고도 불리는 근육으로 허벅지 뒤쪽 근육입니다. 햄스트링은 총 2개의 근육군으로 나뉘며 다시 특징에 따라 세부적으로 나눌 수 있습니다.

먼저 허벅지 뒤쪽 안의 반막양근과 반건양근 그리고 허벅지 뒤쪽 바깥의 대퇴이두근으로 나뉩니다. 그리고 대퇴이두근은 다시 장두와 단두로 나눌 수 있습니다.

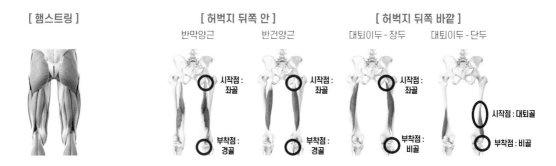

[햄스트링]　　　　[허벅지 뒤쪽 안]　　　　　　[허벅지 뒤쪽 바깥]

의자에 앉았을 때, 골반의 가장 아래쪽 엉덩이에 느껴지는 궁둥뼈에서 시작하는 세 개의 근육(반막양근, 반건양근, 대퇴이두의 '장두')이 종아리쪽의 경골과 비골에 붙습니다. 대퇴이두의 단두는 대퇴골에서 시작하여 비골에 붙습니다.

근육을 확인해 보는 방법은 자신의 무릎 뒤쪽 오금을 만져보면 굵은 힘줄 2개가 느껴질 것입니다. 안쪽에 힘줄은 반막양근과 반건양근이며 바깥쪽은 대퇴이두(장두, 단두)의 힘줄입니다.

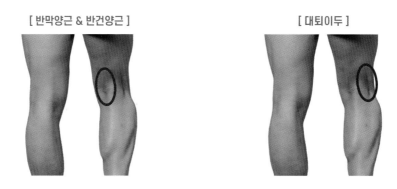

[반막양근 & 반건양근]　　　　　　[대퇴이두]

대퇴사두근의 길항근(특정 근육이 움직일 때, 반대 방향으로 움직이는 근육)으로 무릎을 굽히는 동작을 합니다. 대퇴사두근 훈련 시, 햄스트링은 수축을 통해 근력을 쓰는 것이 아니지만 신장성 수축(근육의 긴장을 유지하면서 근육을 늘리는 운동 방식)을 통해 천천히 놓아주며 근력을 조절해 주는 역할을 합니다.

[대퇴사두근이 줄어들었을 때(햄스트링 : 신장성 수축)]   [대퇴사두근이 늘어났을 때(햄스트링 : 단축성 수축)]

대퇴사두근과 같이 강한 근력을 쓸 경우는 적지만 대퇴사두근에 대응하여 수축해야만 하기 때문에 약간의 부상이라도 당할 경우, 다리 전체를 못 쓰게 되는 경우가 발생합니다.

또한 스트레칭에 따라 상체를 숙이거나 다리를 앞으로 들어 올리는 동작의 제한이 생겨 동작이 부자연스러울 수 있습니다. 특히 스쿼트나 벤트 오버 바벨 로우 시 확연하게 나타납니다.

[햄스트링 이상 발생 시, 스쿼트 자세]   [햄스트링 이상 발생 시, 벤트 오버 바벨 로우]

햄스트링의 이해

햄스트링의 경우, 대퇴사두근에 맞서 길항 동작(특정 근육의 반대로 움직이는 것)을 가질 때에는 강한 근력을 발휘해야 하기에 백근이 사용되며, 일상 생활에서 런닝(달리기)을 할 때에는 지속적인 수축이 필요하기에 적근이 사용됩니다. 따라서, 백근과 적근을 골고루 가지고 있습니다.

[햄스트링]

[백근, 적근 균형있게 구성]

햄스트링의 운동에서 가장 중요하게 생각해야 하는 부분은 허리를 굽히지 말고 곧게 펴주어야 한다는 것입니다. 가슴(흉곽)을 앞으로 내밀어 등을 약간 뒤로 젖혀준 상태에서 궁둥뼈가 뒤로 빠지면 뒤쪽 햄스트링을 당겨 근력을 발휘 할 수 있고 동시에 스트레칭의 효과도 줄 수 있습니다.

1. 허리를 곧게 펴주기

2. 허리를 편 상태에서 궁둥뼈가 뒤로 빠지기

최대 수축(단축성 수축)을 통해 펌핑시키는 운동으로 시작하여 근육의 가동범위를 늘려주는 스트레칭을 함께 할 수 있는 신장성 수축(근육의 긴장을 유지하면서 근육을 늘리는 운동 방식)에 중점을 두는 운동으로 실시하면 효과적입니다.

[단축성 수축 운동 - 라잉 레그 컬]

[신장성 수축 운동 - 굿 모닝]

단축성 수축을 통해 근육을 펌핑시키기 위해서는 최대한의 수축이 필요합니다. 레그 컬 운동에서 단순히 무릎만 굽힌다면 최대 수축을 일으키긴 힘듭니다. 허리와 엉덩이에 힘을 주어 허벅지까지 들어 무릎 받침대에서 떨어지게 띄어주면 최대한의 수축을 이끌어 낼 수 있습니다.

[라잉 레그 컬 - 무릎 굽힘(1단계)]

[라잉 레그 컬 - 허벅지 들어올리기(2단계)]

추천하는 운동 방법으로 라잉 레그 컬 - 굿 모닝을 실시하는 것을 추천합니다.

< 추천하는 운동 순서 >

[라잉 레그 컬]

[굿 모닝]

대퇴사두근 스트레칭

step 1.

사용근육 및 관절	대퇴사두근 / 무릎 관절
유지 시간	10초 / 2회

스트레칭할 다리를 뒤로 보낸 후 팔로 스트레칭할 다리의 발목을 잡은 후 당겨줍니다.
등과 허리를 편 상태에서 스트레칭을 해 줍니다.

step 2.

사용근육 및 관절	대퇴사두근 / 무릎 관절, 고관절
유지 시간	10초 / 2회

바닥에 엎드린 후 엎드린 상태로 스트레칭 하고자 하는 다리 무릎을 굽혀줍니다.
굽힌 다리의 발목을 잡아 등 쪽으로 당겨줍니다.

대퇴사두근 스트레칭

step 3.

사용근육 및 관절	대퇴사두근, 앞정강근 / 무릎 관절, 발목 관절
유지 시간	10초 / 2회

한 쪽 무릎을 꿇은 후 스트레칭할 다리를 뒤로 보내 접어준 후 발목을 잡고 당겨줍니다.

step 4.

사용근육 및 관절	대퇴사두근, 대둔근 / 무릎 관절, 발목 관절, 고관절
유지 시간	15초 / 2회

옆으로 누운 뒤, 오른손으로 왼쪽 다리의 발목을 잡고 무릎이 땅기도록 당겨줍니다.
왼손으로는 오른쪽 다리의 무릎 뒤쪽을 잡고 위로 당겨줍니다.

햄스트링 스트레칭

step 1.

사용근육 및 관절	햄스트링 / 무릎 관절, 고관절
유지 시간	15초 / 3회

다리를 쭉 편 후 팔을 쭉 펴 지면에 닿도록 햄스트링을 늘려줍니다.

step 2.

사용근육 및 관절	햄스트링 / 무릎 관절, 고관절
유지 시간	15초 / 3회

스트레칭할 발을 벤치에 올려주어 등과 허리를 편 상태에서 내 배와 허벅지가 닿을 수
있도록 숙여줍니다.

햄스트링 스트레칭

step 3.

사용근육 및 관절	햄스트링 / 무릎 관절, 고관절
유지 시간	15초 / 2회

바르게 서서 왼쪽 발꿈치를 앞으로 내딛고 오른쪽 무릎을 약간 굽힌 뒤, 호흡을 들이마시면서 상체를 앞으로 기울입니다.

step 4.

사용근육 및 관절	햄스트링 / 무릎 관절, 고관절
유지 시간	10초 / 3회

무릎을 꿇고 앉은 후 스트레칭 할 발을 쭉 앞으로 뻗어주며 발끝을 세운 후 몸을 숙여주면서
무게 중심을 뒤로 보내줍니다.

레그 익스텐션
Leg Extension

step 1.
준비 자세

호흡

준비한 상태
에서 숨을
마셔줍니다

의자 등받이를 조절해 엉덩이와 등을 붙이고, 무릎과 의자 사이에
공간을 줍니다. 각도를 조절해 종아리가 무릎보다 뒤로 오게 하고,
패드가 발목에 붙도록 합니다.

step 2.
운동 시 자세

호흡

무릎을 펴면서
숨을 뱉어
줍니다

무릎을 펴준다는 생각으로 다리를 올립니다.

step 3.
돌아오는 자세

호흡

내려주면서 숨을 마셔 줍니다

천천히 무게를 버티며, 준비 자세로 돌아옵니다.

▶TIP

잘못된 자세

들었을 때,
발끝이 벌어지지 않도록 합니다

올바른 자세

발을 11자로 두어
그대로 들어올리고 내려줍니다

레그 컬
Leg Curl

step 1.
준비 자세

호흡

준비를 위해
숨을 마셔
줍니다

발목의 패드는 아킬레스건 위에 오도록 하고, 무릎 각도는 운동을
했을 때, 아킬레스건 그대로 위치하는 각도로 조정합니다.
무릎 부분이 자유롭게 움직이도록 공간을 확보합니다.

step 2.
운동 시 자세

호흡

들어올리면서
숨을 뱉어
줍니다

허벅지 뒷근육에 힘을 주면서 발뒷꿈치로 들어올립니다.

step 3.
돌아오는
자세

호흡

내리면서 숨을
마셔 줍니다

천천히 무게를 느끼면서 내려줍니다.
긴장감을 유지하기 위해 무릎을 다 펴지 말고 다시 동작을 반복합니다.

TIP

잘못된 자세

발끝이 모아지거나
벌어지지 않도록 합니다

올바른 자세

발을 11자 형태로 두어
그대로 들어올려 줍니다

굿 모닝
Good Morning

대둔근

햄스트링

step 1.
준비 자세

호흡

준비를 위해 숨을 마셔서 복압을 만들어 줍니다

가슴을 활짝 편 상태에서 목과 날개뼈 사이에 역기(바벨)을 거치 합니다.

step 2.
운동 시 자세

호흡

내려가면서 숨을 뱉지 말고 복압을 유지합 니다

등과 허리를 펴 준 상태로 몸을 숙여 줍니다. 종아리는 바닥과 수직을 유지하며 자연스레 엉덩이를 뒤로 보냅니다.

step 3.
돌아오는
자세

호흡

다 들어올렸을
때, 숨을 뱉어
주고 다시 마셔
줍니다

등과 허리를 편 상태 그대로 들어올려 줍니다.

▼ TIP

잘못된 자세

등과 허리가 굽어지면서
내려가지 않습니다

올바른 자세

등과 허리를 편 상태를 유지하면서
내려가 줍니다

스쿼트
Squat

운동 부위

 대퇴사두    대둔근

step 1.
준비 자세

호흡

이 때, 숨을 최대한으로 마셔서 몸을 고정해 줍니다

먼저 가슴을 펴 준 상태에서 날개뼈를 모아 줍니다.
날개뼈 위에 역기(바벨)를 올려줍니다. 보폭은 어깨 넓이 정도로
해주고 발끝은 45도 정도 밖으로 향해 줍니다.

step 2.
운동 시 자세

호흡

숨을 뱉지 말고 참아줍니다

자연스럽게 엉덩이를 빼주면서 무릎을 굽혀줍니다.
이 때, 역기(바벨)을 수직으로 움직이며 허벅지가 바닥과 수평이
되는 정도까지 내려 갑니다.

step 3.
돌아오는
자세

호흡

준비 자세로
돌아온 뒤,
숨을 뱉고 다시
숨을 마셔줍니다

발로 밀듯이 그대로 일어납니다.
이 때, 역기(바벨)도 수직으로 올립니다.

▌TIP

잘못된 자세	올바른 자세

무릎이 안으로 모이면 안 됩니다

무릎이 발끝 방향과 동일한 방향으로
움직여 줍니다

레그 프레스
Leg Press

운동 부위

대퇴사두

대둔근

step 1.
준비 자세

호흡

이 때, 준비를 위해 숨을 마셔 줍니다

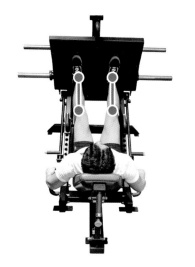

등받이를 조절하여 공간을 확보해 줍니다. 발끝을 바깥으로 조금 벌려둔 상태에서 무릎 방향과 발 방향을 맞춰 줍니다. 그 뒤 발을 뻗어 안전 장치를 풀고 준비해 줍니다.

step 2.
운동 시 자세

호흡

숨을 뱉지 말고 참아줍니다

무게를 느끼면서 천천히 버티며 내려줍니다. 이 때, 허벅지 근육이 늘어나는 것에 대해 집중해 줍니다.

step 3.
돌아오는 자세

호흡

펴 줬을 때,
숨을 뱉고 다시
마셔 줍니다

발바닥으로 힘껏 밀어 줍니다.
이 때, 다 펴지 말고 살짝 구부려지는 정도까지 펴 줍니다.

▶ TIP

잘못된 자세

운동할 때, 무릎이 모아지면 안 됩니다

올바른 자세

발끝을 바깥으로 조금 벌려둔 상태에서
발의 방향에 맞게 밀어줍니다

아웃 싸이
Out Thigh

중둔근

step 1.
준비 자세

호흡

준비한 상태
에서 숨을
마셔 줍니다

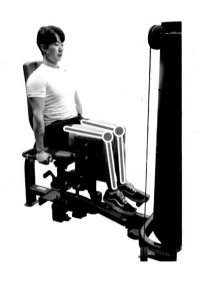

레버를 조절하여 최대한 안쪽으로 모아줍니다.
허리를 등받이에 붙여주고, 무릎이 꺾이지 않도록 준비해 줍니다.

step 2.
운동 시 자세

호흡

벌려주면서
천천히 숨을
뱉어 줍니다

무릎을 벌려준다는 생각으로 최대한 밀어줍니다.

step 3.
돌아오는
자세

호흡

준비 자세로
돌아오면서
숨을 마셔
줍니다

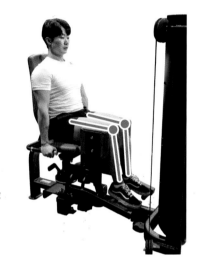

그 뒤 모아지는 것을 천천히 버티면서 준비 자세로 돌아옵니다.

TIP

잘못된 자세

엉덩이가 등받이에서
떨어지면 안 됩니다

올바른 자세

허리와 엉덩이를 패드에 붙여서
운동해 줍니다

이너 싸이
Inner Thigh

step 1.
준비 자세

호흡
최대한 벌린 상태에서 숨을 마셔줍니다

레버를 조절하여 자신의 유연성에 맞게 최대한 벌려줍니다.
등과 허리를 패드에 붙여주며, 무릎이 꺾이지 않도록 합니다.

step 2.
운동 시 자세

호흡
모아주면서 천천히 숨을 뱉어 줍니다

무릎으로 모아준다는 생각으로 모아줍니다.

step 3.
돌아오는 자세

호흡

준비 자세로 돌아오면서 숨을 마셔 줍니다

그 뒤 벌어지는 것을 천천히 버티면서 준비 자세로 돌아옵니다.

▶TIP

잘못된 자세

안으로 모으기 위해서
몸을 숙이지 않습니다

올바른 자세

허리를 펴고 엉덩이와 허리를
붙인 상태로 운동합니다

런지
Lunge

step 1.
준비 자세

호흡

준비를 위해서 숨을 마셔 줍니다

가슴을 펴 준 상태에서 앞뒤로 2발자국씩 벌려줍니다.
앞발은 발바닥을 전부 붙여주고 뒷발은 발뒤꿈치만 들어줍니다.
손은 균형을 잡기 쉽게 허리 옆에 둡니다.

step 2.
운동 시 자세

호흡

숨을 뱉지 말고 참아줍니다

앞다리에 힘을 주어 수직으로 내려갑니다.
앞발의 무릎 각도가 수직이 되는 데까지 내려가 줍니다.

step 3.
돌아오는
자세

호흡

올라온 뒤, 숨을 뱉어주고 다시 숨을 마셔 준비해 줍니다

다시 몸을 수직으로 올려줍니다

▶ TIP

잘못된 자세　　　　　　**올바른 자세**

내려가줄 때,
앞발꿈치가 뜨지 않도록 합니다

앞발을 붙인 상태에서
수직으로 내려와 줍니다

프론트 스쿼트
Front Squat

운동 부위

 대퇴사두

 대둔근

step 1.
준비 자세

호흡

이 때, 숨을 최대한으로 마셔서 몸이 흔들리지 않도록 합니다

45°

역기(바벨)를 쇄골 앞쪽이나 어깨 근육(삼각근)에 견착시켜 준비합니다. 가슴을 펴 준 상태에서 보폭은 어깨 넓이만큼 벌려줍니다. 발 끝은 45도 정도 밖으로 향해 줍니다.

step 2.
운동 시 자세

호흡

숨을 뱉지 말고 참아줍니다

자연스럽게 엉덩이를 빼주면서 무릎을 굽혀줍니다.
이 때, 역기(바벨)를 수직으로 내리면서 움직여 줍니다.

step 3.
돌아오는 자세

호흡
준비 자세로 돌아온 뒤, 숨을 뱉고 다시 숨을 마셔줍니다

발로 밀듯이 그대로 일어납니다.
이 때, 역기(바벨)도 수직으로 올립니다.

▶ **TIP**

잘못된 자세

발이 바닥과 떨어지면 안 됩니다

올바른 자세

발을 바닥에 붙인 상태로 운동해 줍니다

컨벤셔널 데드리프트
Conventional Deadlift

운동 부위

대퇴사두

대둔근

step 1.
준비 자세

호흡

역기(바벨)을 잡은 상태에서 최대한 숨을 마셔 몸을 고정 해줍니다

가슴을 편 상태에서 편한 보폭으로 서 줍니다.
그 상태에서 엉덩이를 천천히 뒤로 빼주면서 무릎을 굽혀주고,
손은 어깨 넓이만큼 벌려 역기(바벨)를 잡아줍니다.

step 2.
운동 시 자세

호흡

숨을 뱉지 말고 계속 유지해 줍니다

발로 바닥을 밀듯이 들어올리면서 엉덩이와 허벅지에 힘을 줍니다.

난이도
어려움

step 3.
돌아오는 자세

호흡

준비 자세로 돌아온 뒤, 숨을 뱉고 다시 숨을 마셔줍니다

역기(바벨)를 수직으로 내려줍니다.

▶ **TIP**

잘못된 자세	올바른 자세

운동하면서
등과 허리가 굽혀지면 안 됩니다

가슴을 펴고 숨을 최대한 마셔서
등과 허리가 굽혀지지 않도록 합니다

스모 데드리프트

운동 부위

대퇴사두

대둔근

Sumo Deadlift

step 1.
준비 자세

호흡
이 때, 숨을
최대한으로
마셔서 몸이
흔들리지 않게
해줍니다

역기(바벨)를 정강이에 닿을 정도로 준비해 줍니다.
다리를 어깨 넓이의 2배 정도로 넓게 벌려줍니다.
발의 각도는 45도 정도로 벌려주며 무릎은 발의 방향에 맞게 향해
줍니다. 가슴을 펴 준 상태에서 아랫다리를 수직으로 둔 상태로
잡아줍니다. 역기(바벨)를 잡을 때는 어깨 넓이만큼 잡아줍니다.

step 2.
운동 시 자세

호흡
이 때, 숨을
뱉지 말고 참아
줍니다

발로 밀어주며 수직으로 역기(바벨)를 들어올립니다. 들어올리면서
자연스럽게 엉덩이를 넣어줍니다. 발끝과 무릎의 각도는 동일하게
유지해 줍니다.

step 3.
돌아오는 자세

호흡

준비 자세로 돌아온 뒤, 숨을 뱉고 다시 숨을 마셔줍니다

역기(바벨)를 수직으로 내리면서 준비 자세로 돌아옵니다.
내려올 때는 엉덩이를 자연스럽게 빼줍니다.

▶TIP

잘못된 자세

등과 허리가 굽은 상태로
운동하지 않습니다

올바른 자세

가슴을 편 상태에서 운동해 줍니다

chapter II

운동 지식

근력 운동(웨이트 트레이닝) 을 위한 10가지 운동 지식

영양소란 무엇인가?

feat. 거대 영양소, 미량 영양소

처음으로 알아볼 것은 우리에게 친숙한 영양소입니다.

과연 영양소란 무엇일까요?

영양소란 몸을 구성하거나 에너지원으로 쓰이는 물질을 의미합니다. 사람이 생존, 성장 및 번식을 위해 에너지로 사용하는 물질이 이에 해당합니다.

[생존]

[성장]

[번식]

영양소는 크게 2가지로 살펴볼 수 있습니다.

[비필수 영양소]
몸의 세포가 만들어내는 영양소

[필수 영양소]
식사를 통해서 섭취해야 하는 영양소

먼저 비필수 영양소라는 것이 있습니다.

비필수 영양소는 우리가 음식물을 통해 섭취하지 않아도 우리 몸의 세포가 만들어 낼 수 있는 영양소를 가리킵니다.

반면에 필수 영양소는 우리가 식사를 통해 섭취해야만 하는 영양소를 가리킵니다.

이런 필수 영양소는 우리에게 친숙한 탄수화물, 지방, 단백질, 비타민, 무기질, 물이 있습니다.

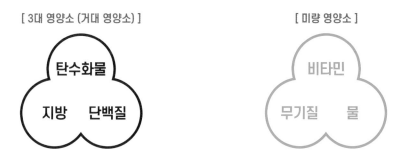

[3대 영양소 (거대 영양소)]

탄수화물

지방　단백질

[미량 영양소]

비타민

무기질　물

여기서 탄수화물, 지방, 단백질은 우리가 흔히 3대 영양소라고 하며 다른 이름으로는 거대 영양소라고 합니다.

반면 비타민, 무기질, 물 같은 경우에는 미량 영양소라고 합니다.

이러한 영양소는 우리 몸에 필요한 열량을 만들고 뼈와 근육 같은 몸을 구성하며 신체 기능을 수행하는 데 돕는 역할을 합니다.

[열량 생산]　　　　[신체 구성]　　　　[신체 기능 수행]

영양소란 무엇인가?

그럼 3대 영양소에 대해 살펴보겠습니다.

먼저 탄수화물입니다.

탄수화물은 열량을 제공하는 가장 기본적인 영양소입니다.

우리가 일상에서 많이 먹는 과일이나 주스, 그리고 밥이나 빵, 채소를 통해 우리에게 필요한 열량을 제공합니다.

구성 요소를 기준으로 단당류와 이당류, 다당류 등으로 분류할 수 있습니다.

[단당류, 이당류]

[다당류]

이러한 탄수화물은 일상적으로 섭취하는 열량(칼로리)를 기준으로 보았을 때,
일일섭취량의 50~60%의 비율로 섭취하는 것을 권장합니다.

다음은 단백질입니다.

단백질은 우리 몸의 세포를 구성하는 성분이며 효소나 호르몬, 항체 및 유전자 등의 주성분
이기도 합니다.

[효소 생성]

[호르몬, 항체, 유전자의 주성분]

근육의 경우에는 70~75%는 수분으로 이루어져 있으며, 25~30%는 단백질로 구성되어 있습니다.

일상에서 흔히 접하는 식품으로는 소고기나 돼지고기, 가금류, 생선, 달걀 등이 있습니다.

단백질의 일일 섭취량은 20~30%가 추천되며, 적정량 이상으로 과다 섭취를 할 경우에는 지방으로 저장되거나 체외로 배설됩니다.

3번째는 지방입니다.

지방은 많은 분들이 칼로리가 높고 비만의 원인으로 생각해서 기피하는 영양소지만 균형 잡힌 식사에 매우 중요한 영양소입니다.

지방은 비타민 A, D, E, K의 흡수에 필수적인 영양소이며 인체 세포 대부분을 구성합니다.

이외에도 지방은 인체를 구분하는 역할을 하며 외부로의 충격을 흡수하는 역할도 수행합니다.

[비타민 흡수 및 세포 구성]   [외부 충격 흡수]

 우리가 일상에서 접하는 음식으로 육류의 지방, 아이스크림, 초콜릿, 치즈, 버터 등이 있습니다.

일일 섭취량으로는 10~20%의 섭취량이 권장됩니다.

영양소란 무엇인가?

feat. 거대 영양소, 미량 영양소

이번에는 앞서 본 미량 영양소에 대해 살펴보겠습니다.

먼저 비타민입니다.

비타민은 적은 양이지만 우리 몸에서 만들어 내기 어렵기 때문에 음식을 통해 섭취해야 합니다.

이러한 비타민은 소량으로 신체 기능을 조절하는 데, 대표적으로 몸 안에 있는 효소를 조절하는 역할을 수행합니다.

이러한 비타민이 부족할 경우에는 위장염이나 구내염 같은 염증이 발생할 수 있으며, 피로나 구루병, 골다공증 등이 발생할 수 있습니다.

[위장염]   [구내염]   [피로]

[구루병]   [골다공증]

다음은 무기질입니다.

무기질 또한 소량이 필요하지만 생명과 건강 유지에 필수적인 영양소입니다.

뼈나 치아의 형성, 신경 자극 전달 물질, 호르몬의 구성 성분 등으로 사용됩니다.

[뼈와 치아의 형성]　　　[신경 자극 전달 물질]　　　[호르몬의 구성 성분]

　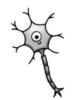　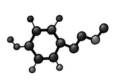

마지막은 물입니다.

물은 칼로리가 없고 특정한 영양소를 제공하지 않지만 생명을 유지하는 데 필수적입니다.

몸 속에 있는 다양한 물질은 물 속에 녹아드는 방식으로 몸 속에서 다양한 화학 변화를 돕습니다.

[몸 속에 흡수]　　　　　[화학 변화 도움]

정리하면 일상에서 필요한 영양소들을 우리는 균형을 맞춰서 잘 섭취하는 것이 필요합니다.

탄수화물의 이해
feat. 당류

탄수화물(carbohydrate)은 탄소(carbo)와 물(hydrate)의 화합물입니다.

탄수화물은 영양소 중 소화와 흡수가 가장 빠르며, 에너지원으로의 활용도 가장 신속하게 이루어지는 영양소입니다. 여기에 더해 체내에서 완전히 연소한다는 특징을 가지고 있습니다.

[탄수화물 특징]
소화와 흡수가 가장 빠름

[탄수화물 특징]
체내 완전 연소

탄수화물은 탄소와 물로 이루어진 결합체의 개수에 따라 단당류, 이당류, 다당류 3가지로 분류 될 수 있습니다.

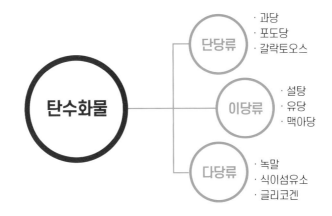

단당류는 결합체가 1개, 이당류는 결합체가 2개, 다당류는 결합체가 3개 이상으로 이루어져 있습니다.

[단당류]   [이당류]   [다당류]

여기서 당류를 통해서 탄수화물과 관련된 용어를 알 수 있는데요.

우리가 식품을 살 때 나오는 영양 정보를 한 번 살펴보시면 탄수화물 아래 당류로 따로 표기가 되어 있습니다.

여기서 말하는 당류는 단당류와 이당류를 가리키는 말입니다.

[식품 영양 정보]   [당류]

그리고 여기에 다당류를 더하게 되면 당질이 됩니다.

그리고 이 당질에 한 번 더 식이섬유가 더해지면 우리가 흔히들 말하는 '탄수화물'이 됩니다.

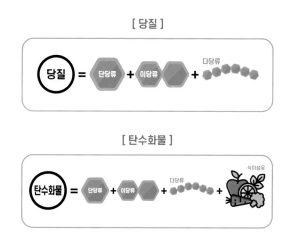

[당질]

[탄수화물]

탄수화물의 이해

feat. 당류

이 중에서 실제 에너지로 활용되는 것은 단당류, 이당류, 다당류를 합한 '당질'입니다.

그럼 다당류는 단당류, 이당류와 어떠한 차이가 있을까요?

에너지원으로 사용된다는 측면에서는 동일하지만 몸에 흡수되는 속도의 차이가 있다는 것이 중요합니다.

우리 몸의 탄수화물은 에너지원으로 쓰이는 과정에서 흔히들 말하는 포도당이라고 알고 있는 단당류로 전환되어 흡수됩니다.

즉, 단당류가 가장 빠른 흡수율을 가지며, 다당류가 가장 느린 흡수율을 가지게 되는 것이죠.

일반적으로 당류 위주의 섭취를 할 경우, 포도당으로의 전환율이 높기 때문에 포도당이 혈액으로 빠르게 녹아들어 혈당이 급증하는 현상이 생기게 됩니다.

그리고 이렇게 빠르게 급증한 혈당은 급격하게 다량으로 분비되는 인슐린에 의해 다시 빠르게 급락하게 되는 것이죠.

[혈액 내 포도당]
혈당

[인슐린]
췌장에서 분배

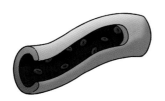

이렇게 발생되는 저혈당증은 배고픔, 현기증, 두통 등을 야기하게 되며, 이러한 현상이 반복될 경우 췌장에서 포도당을 에너지원으로 활용하기 위해 분비하는 인슐린이 분비속도를 따라가지 못 하는 결과를 초래합니다.

[저혈당 증상]

배고픔　　　　　　　　　현기증　　　　　　　　　두통

이러한 상황이 지속되면 우리가 흔히 아는 '당뇨병'에 걸리게 되는 것이죠.

그렇기 때문에 우리는 혈당을 조절하기 위해서 다당류 위주의 식사를 하는 것을 권장합니다.

그럼 당질과 함께 탄수화물을 구성하는 식이섬유는 어떠한 역할을 할까요?

식이섬유는 가지고 있는 점성을 활용하여 몸의 내부인 내장에서 음식물의 이동을 늦추어 영양소가 더 순조롭게 흡수되도록 도와주는 역할을 합니다.

이러한 과정에서 혈당을 조절하며, 몸에서 배설물을 덩어리 형태로 만드는 역할을 수행하죠.

그리고 덩어리 형태로 만들어진 배설물이 우리 몸의 소화계를 지나가는 데 걸리는 시간을 줄여주도록 하여 대장암의 위험을 감소시키는 역할도 하는 것입니다.

이 과정을 통해서 우리가 일상적으로 많이 접할 수 있는 '변비'가 줄어드는 효과도 나타납니다.

[식이섬유 부족으로 인한 변비]　　　　　　　[충분한 식이섬유 섭취 시]

탄수화물의 이해

feat. 당류

탄수화물은 앞서 살펴봤듯이 기본적으로 생명 유지를 위해 필요한 열량의 공급이 주 목적이며, 1g당 4kcal의 열량을 제공합니다.

또한 포도당으로 전환된 단당류는 혈액으로 운반되어 '글리코겐'이라는 형태로 전환되어 우리 몸의 근육과 간에 저장되며 몸에 붙은 근육들의 연료 역할을 담당합니다.

[글리코겐 저장소]

간   근육

이외에도 우리 몸에서 지방이 연소하여 열량을 만들어낼 때 일종의 윤활유 역할을 수행하기도 합니다.

탄수화물이 부족할 경우에는 에너지의 지속적인 생성을 위해 단백질을 이용하게 되는 데, 단백질을 에너지원으로 활용할 때 암모니아 생성을 초래하여 피로를 유발하게 됩니다.

[탄수화물 부족, 단백질 사용 시]   [충분한 탄수화물 섭취 시]

따라서 충분한 탄수화물 섭취는 단백질 사용으로 인한 불필요한 피로를 유발하는 것을 막는 역할을 수행합니다.

탄수화물은 일일 섭취량의 50~60% 정도를 섭취하는 것을 권장합니다.

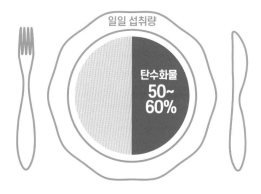

일일 섭취량이 2000kcal인 사람이라면 1000~1200kcal가 필요하며 이것을 g(그램)으로 환산한다면 250~300g의 섭취가 필요합니다.

단백질의 이해

feat. 단백질 섭취의 필요성, 아르기닌

이번 시간에는 단백질에 대해 살펴보겠습니다.

단백질은 신체를 구성하는 요소이며, 1g당 4kcal의 에너지를 생성합니다.

단백질은 때때로 에너지 섭취가 부족하고 과도한 운동 중 에너지원이 부족할 때 에너지원으로 사용되기도 하지만 10% 미만으로 큰 비중을 차지하지는 않습니다.

단백질의 역할은 크게 3가지로 볼 수 있습니다.

첫 번째는 피부, 근육, 뼈, 각종 장기 등 인체 모든 조직 형성의 주된 재료입니다.

[피부]　　　　　　[근육]　　　　　　[뼈]　　　　　[각종 장기]

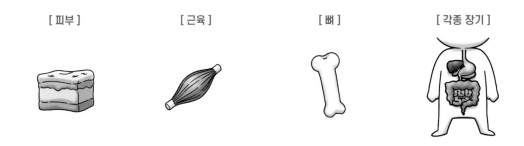

우리 몸에서 몸을 이루는 '체구성 단백질'은 지속적으로 퇴화하고 재생되므로 매일 단백질 공급이 요구됩니다.

두 번째는 세포(효소, 호르몬 등)의 각종 화학 반응 촉매, 항체 형성에 의한 면역 등 인체의 필수적인 항상성을 유지하는 데 사용됩니다.

[세포의 각종 화학 반응 촉매]

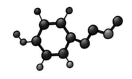

세 번째는 장기간 운동과 같은 특수한 상황에서 에너지원으로 사용됩니다.

단백질이 많이 함유된 식품으로는 소고기나 돼지고기, 가금류, 생선, 달걀 등이 있습니다.

섭취한 단백질은 우리 몸에 어떻게 흡수될까요?

탄수화물이 체내에서 포도당으로 전환되어 흡수되듯 단백질은 우리가 흔히 들어본 '아미노산'이라는 물질로 흡수됩니다.

우리 몸에 필요한 아미노산은 20가지의 다양한 종류가 있지만 2가지로 나누어 볼 수 있습니다.

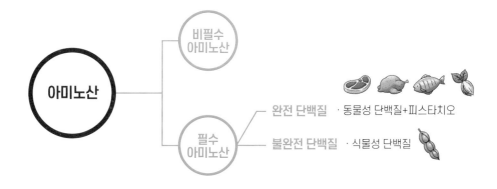

우리 몸에서 만들 수 있는 '비필수 아미노산'과 우리 몸에서 만들지 못해 음식으로 섭취하는 '필수 아미노산'입니다.

단백질은 완벽하게 '필수 아미노산'을 포함하는 지 여부에 따라 '완전 단백질'과 '불완전 단백질'로 나뉘는데

'완전 단백질'은 필수 아미노산이 모두 적절하게 포함된 음식이며, '불완전 단백질'은 한 두 가지의 필수 아미노산이 빠진 음식입니다.

이외에도 우리는 섭취하는 음식에 따라서 2가지로 분류할 수 있습니다.

'동물성 단백질'과 '식물성 단백질'입니다.

보통 '식물성 단백질'의 경우, '동물성 단백질'과 비교했을 때 필수 아미노산 중 몇 가지가 덜 포함되어 있습니다.

그렇기에 동물성 단백질은 완전 단백질, 식물성 단백질은 불완전 단백질이라고 부릅니다.

예외적으로 식물성 단백질 중에서도 '피스타치오'와 같이 완전 단백질 식품도 있습니다.

우리 몸의 근육은 자연에 존재하는 모든 아미노산을 포함하기 때문에 육류와 유제품 모두 중요한 단백질원입니다.

특히 근육 내에서 가장 풍부한 아미노산은 분지사슬 아미노산이며, 이것이 바로 'BCAA'로 불리는 아미노산입니다.

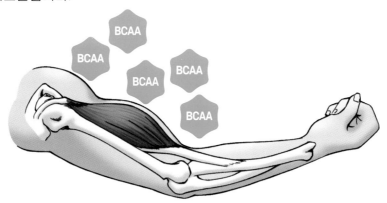

유제품이 이 BCAA를 다량 함유하고 있습니다.

이번에는 앞서 짧게 설명한 아미노산 중 특이한 아미노산에 대해 살펴보겠습니다.

바로 '아르기닌'입니다.

최근 많은 사람들이 관심을 가지는 아르기닌은 조건부 필수 아미노산입니다.

'조건부 필수아미노산'이란 정상 상태에서는 체내합성으로 충족되지만 특정 체내상태에서는 합성이 제한되는 아미노산을 일컫는 말입니다.

쉽게 얘기하자면 몸이 질병상태나 컨디션이 심하게 저하된 상태에서 합성이 잘 안 되는 아미노산을 가리킵니다.

'아르기닌'은 상피세포나 뇌세포, 일산화질소 등을 만들 때 많이 쓰입니다.

여기서 일산화질소는 혈관을 확장하는 작용이 있어 협심증이나 고혈압 증상을 치료할 때 쓰입니다.

또한 웨이트 트레이닝과 같은 무산소 운동을 하기 전에 복용하면 혈액 순환을 촉진시켜 운동의 효과를 높이며, 더 높은 강도의 운동을 할 수 있도록 도와줍니다.

아르기닌이 많이 들어있는 식품으로는 육류, 어류, 유제품, 견과류, 초콜릿 등이 있습니다.

WHO에서 권장하는 1일 단백질 섭취 요구량은 1kg당 최소 1g이며,

근육을 만들기 위해 운동을 하는 사람들의 경우에는 1kg당 1.6~2.2g의 섭취량이 필요합니다.

일반적으로는 일일 섭취량의 20~30% 정도의 열량 섭취량을 필요로 합니다.

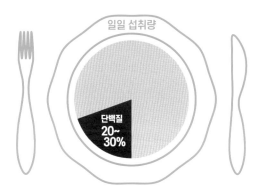

2000kcal가 필요한 사람이라면 이 중에서 400~600kcal가 필요하며 이것을 g(그램)으로 환산한다면 100~150g이 필요합니다.

지방의 이해

feat. 지방의 종류-포화 지방, 불포화 지방, 트랜스 지방

이번에는 3대 영양소 중 마지막인 지방에 대해 살펴보겠습니다.

지방은 탄소, 수소, 산소로 이루어진 유기화합물로 많은 분들이 아시다시피 물 분자와는 쉽게 결합하지(섞이지) 못하는 성질을 가집니다.

많은 분들이 일상에서 지질, 기름, 지방을 혼용해서 사용하지만 기름과 지방은 지질의 한 종류입니다.

기름은 실온에서 액체인 지질을 가리키며, 지방은 실온에서 고체인 지질을 가리키는 용어입니다.

[지질의 종류]

기름

지방

지방은 다양한 생물들에게 중요한 에너지원이며 신체를 구성하는 역할도 함께 수행합니다.

지방은 에너지 밀도가 가장 높은 영양소로 에너지의 저장 측면에서 보면 가장 효율적인 형태입니다.

지방은 1g당 9kcal의 에너지를 발생시킴으로써 탄수화물과 단백질에 비해 2배 이상의 에너지 효율을 갖습니다.

우리가 음식을 통해 섭취하는 지방은 대부분 중성지방으로 전체 음식물의 약 95% 이상을 차지합니다.

섭취한 지방은 지방산으로 흡수되어 중성지방의 형태로 저장되는 데, 피하, 내장, 근육 등으로 다양하게 저장됩니다.

흡수되는 지방산 중에서 섭취를 통해 공급이 이루어지는 지방산을 '필수 지방산'이라고
합니다.

이러한 '필수 지방산'이 결핍될 경우, 발육 부진, 탈모, 신부전 등의 부작용이 나타납니다.

[발육 부진]　　　　[탈모]　　　　[신부전]

이제부터는 실생활에서 우리가 자주 접하는 지방과 관련된 용어에 대해 살펴보겠습니다.

첫 번째는 포화 지방과 불포화 지방입니다.

[포화 지방 - 동물성 지방]　　　　　　[불포화 지방 - 식물, 어류의 지방]
실온에서 고체　　　　　　　　　　　　실온에서 액체

대부분의 동물성 지방은 포화 지방이고, 식물과 어류의 지방은 일반적으로 불포화 지방이
대부분입니다.

포화 지방은 실온에서 고체이며, 불포화 지방보다 녹는점이 높습니다. 반면에 불포화 지방은
실온에서 액체입니다.

포화 지방이 많이 함유된 음식물은 버터, 우유, 소 등심, 달걀 노른자, 케슈넛 등이 있으며,
불포화 지방이 많이 함유된 음식물은 아보카도, 견과류, 올리브유, 카놀라유 등의 식물성
기름이 있습니다.

지방의 이해

feat. 지방의 종류-포화 지방, 불포화 지방, 트랜스 지방

다음은 트랜스지방입니다.

액체 상태의 식물성 기름을 마가린이나 쇼트닝 같은 고체 상태로 만들기 위해 수소를 첨가하게 되는데 이 과정에서 일부 지방산의 분자 구조가 변형된 것을 트랜스 지방산이라고 합니다.

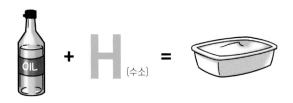

그리고 이러한 트랜스 지방산을 포함하고 있는 중성지방을 트랜스 지방이라고 합니다.

트랜스 지방은 패스트 푸드, 도넛, 과자 등의 가공 식품에 많이 포함되어 있으며, 이들 식품을 오래 섭취하면 비만이 될 수도 있고 만성 질병을 일으킬 가능성이 크기에 많은 양을 섭취하지 않도록 주의해야 합니다.

[패스트 푸드]   [도넛]   [과자]

세 번째는 오메가 3입니다.

오메가 3는 필수 지방산 중 하나로 잘 알려져 있습니다. 오메가 3의 지방산에는 DHA라는 도코사헥사엔산, EPA라는 에이코사펜타엔산 등이 있습니다.

DHA는 두뇌 발달을 촉진하고 노인성 치매 예방과 함께 학습 기능을 향상시킵니다.

많은 분들이 아시다시피 연어나 고등어, 참치와 같은 생선들에 많이 포함되어 있습니다.

[연어]　　　　　[고등어]　　　　　[참치]

마지막은 콜레스테롤입니다.

콜레스테롤은 모든 동물 세포들의 세포막에서 발견되는 지질이며, 혈액을 통해 운반됩니다.

콜레스테롤은 음식을 통해서도 흡수되지만, 우리 몸에서 합성하기도 합니다.

우리 몸의 간, 척수, 뇌와 같이 세포막이 많은 기관에서 많이 발견되며 혈전의 주요 구성 성분이기도 합니다.

[콜레스테롤 주요 발견 장기]
간　　　　　　　　척수　　　　　　　　뇌

콜레스테롤은 많은 생리적, 생화학적 반응에 중요한 역할을 하며 심혈관 질환과 밀접하게 관련되어 있습니다.

지방의 이해

콜레스테롤은 혈액 내를 이동하기 위해서 단백질과 결합하는 데 이를 지단백질이라고 합니다.

지단백질은 저밀도 지질단백질이라는 LDL 콜레스테롤과 고밀도 지질단백질이라는 HDL 콜레스테롤로 나누어 집니다.

저밀도 단백질의 경우, 동맥 경화와 깊은 연관이 있으며 콜레스테롤을 간에서 조직으로 운반하는 역할을 합니다.

고밀도 지질단백질은 콜레스테롤을 조직에서 간으로 운반하는 역할을 하며, 동맥경화의 발생을 예방하는 역할을 담당하며 심혈관 건강에 중요한 역할을 합니다.

총 콜레스테롤 수치는 LDL + HDL + 중성지방 수치로 계산됩니다.

총 콜레스테롤 수치는 200mg/dL 미만은 정상, 200~239mg/dL는 경계, 240mg/dL 이상은 위험 단계로 분류합니다.

[콜레스테롤수치 진단기준]

진단 및 기준	정상 수치	경계치	위험 수준
총 콜레스테롤	200 미만	200~239	240 이상
LDL 콜레스테롤	130 미만	130~159	160 이상
HDL 콜레스테롤	60 이상	40~59	40 이하
중성지방	150 이하	150~199	200 이상

단, 200mg/dL이 넘더라도 HDL인 고밀도 지질단백질의 수치가 높은 경우라면 경계 단계나 위험 단계로 보지 않는 경우도 있습니다.

정리하자면 HDL이 높으면 LDL의 위협을 줄여준다고 할 수 있습니다.

지방의 필요 섭취량은 일일 섭취량에서 총 열량의 10~20% 정도의 열량 섭취량을 필요로 합니다.

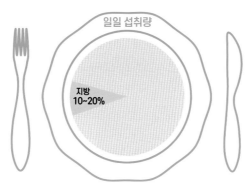

2000kcal가 필요한 사람이라면 이 중에서 200~400kcal가 필요하며 이것을 g(그램)으로 환산하면 22~45g 정도를 섭취하시면 됩니다.

목적별 식단 설계

feat. 벌크업 & 다이어트

많은 분들이 식단을 설계할 때, 목적에 맞게 식단을 설계하려고 노력합니다.

우리가 근육을 늘리기 위한 벌크업과 체지방 감량을 위한 다이어트에 대해 간단하게 알아보겠습니다.

벌크업과 체지방 감량을 위해 칼로리에 대해 살펴보겠습니다.

우리는 이전부터 기초 대사량이나 활동 대사량 등에 대한 내용을 많이 접해왔습니다.

기초 대사량과 활동 대사량은 우리가 하루 필요한 일일 권장 섭취량과 관련이 있는 용어입니다.

일일 권장 섭취량이란 우리가 살아가는 데에 있어서 하루에 필요한 섭취 칼로리양을 가리키는 말입니다.

쉽게 설명하면 현재 신체를 유지하기 위해 하루에 먹어야 하는 칼로리양을 가리키는 말입니다.

일일 권장 섭취량은 크게 기초 대사량, 소화 대사량, 활동 대사량으로 나누어 볼 수 있습니다.

[일일 권장 섭취량]

기초 대사량
생존을 위해 기본적으로
필요한 칼로리

일반인들의 경우,
전체 필요 칼로리의 60~70% 차지

소화 대사량
음식을 먹고
소화에 소모되는 칼로리

일반인들의 경우,
전체 필요 칼로리의 10% 차지

활동 대사량
평상시 움직이면서
소모하는 칼로리

일반인들의 경우,
전체 필요 칼로리의 20~30% 차지

기초 대사량은 생존을 위해 기본적으로 필요한 칼로리입니다.

심장박동이나 호흡, 체온 유지, 면역계 등을 활용하기 위해 쓰이는 에너지입니다.

좀 더 와닿게 표현하자면 우리가 24시간 동안 잠만 잔다고 가정을 할 때, 필요한 칼로리 양입니다.

대부분의 일반인들은 전체 필요 칼로리 중에서 60~70%를 기초대사량으로 사용합니다.

기초 대사량을 측정하는 공식은 많지만 대표적인 헤리스 베네딕트 방정식을 살펴보겠습니다.

남성의 경우, 66 + (13.7 X 체중 kg) + (5 X 키 cm) - (6.8 X 나이)로 계산합니다.

여성의 경우, 65.5 + (9.6 X 체중 kg) + (1.7 X 키 cm) - (4.7 X 나이)입니다.

다음은 소화 대사량입니다.

소화 대사량은 음식을 먹었을 때, 소화에 소모되는 칼로리를 말합니다.

일반적인 경우에는 전체 필요 칼로리 중에서 10%를 소비합니다.

다이어트의 관점에서는 탄수화물이 많을수록 가공·정제의 과정을 거치거나 액체 상태일수록 소화에 에너지를 덜 사용합니다.

단백질이 많을수록, 가공이나 정제가 덜 될수록 소화에 더 많은 에너지를 사용합니다.

마지막으로 활동 대사량입니다.

우리가 평상시 움직이면서 소모하는 칼로리를 가리킵니다.

활동 대사량은 전체 필요 칼로리 중에서 20~30%를 사용합니다.

우리는 앞서 살펴본 기초 대사량을 통해 일일 권장 섭취량을 살펴볼 수 있습니다.

활동량을 기준으로 단순하게 살펴볼 수 있습니다.

[유지칼로리 계산하기]

활동량	일일 필요 kcal
활동 거의 X, 주로 좌식생활, 운동 안함	기초대사량 X 1.2
활동 조금이거나 주 1~3회 운동	기초대사량 X 1.375
활동 보통이거나 주 3~5회 운동	기초대사량 X 1.55
활동 많거나 주 6~7회 운동	기초대사량 X 1.725
활동 아주 많거나 매일 하루 2회 운동	기초대사량 X 1.9

※ 활동이 보통일 경우 1800kcal X 1.55 = 2790kcal 섭취시 체중 유지 가능

목적별 식단 설계

feat. 벌크업 & 다이어트

그럼 이제는 벌크업에 대해 살펴보겠습니다.

[벌크업을 위한 일반적인 조건]

일일 권장 섭취량의
10~20% 증가 섭취

탄수화물 : 단백질 : 지방
6 : 3 : 1

벌크업은 근육량을 효과적으로 증가시키기 위해 거쳐야 하는 일련의 과정으로, 음식의 양을 증가시켜 체중과 근육량을 증가시키도록 합니다.

이 때, 체중 증가는 근육량 분만 아니라 체지방량 증가분도 포함됩니다.

우리는 운동을 하면서 근육 안의 근섬유를 손상시키고 근섬유를 회복시키는 과정에서 근육량을 증가시킵니다.

이 때, 근육량 증가를 위해서는 영양 섭취가 필요하며 생활에 필요한 (일일 권장 섭취량) 이상의 칼로리를 섭취해야 합니다.

또한 벌크업 중에는 아나볼릭 상태를 유지하는 것이 필수적인데, 아나볼릭 상태는 세포가 외부로부터 영양분을 흡수하여 크기가 커지는 상태를 말합니다.

이 상태를 유지하기 위해 필요한 성분은 인슐린 호르몬이며, 인슐린 호르몬은 체내에 포도당으로써 혈액에 당을 저장하는 것 외에도 세포에 근육을 합성하도록 지시합니다.

탄수화물 섭취를 통해 혈당 수치가 상승하면 인슐린이 분비되고, 호르몬 분비를 위해서는 분비를 돕는 지방이 필요합니다.

따라서 벌크업 기간 중에는 높은 탄수화물 섭취와 적당한 지방 섭취가 필요합니다.

이외에도 인체의 70%가 물로 구성되어 있기에 근육량 증가를 위해서는 체수분이 필요하기 때문에 많은 양의 물을 마셔야 하며 신진 대사를 위해 비타민과 미네랄 또한 필요합니다.

벌크업을 위해서는 일일 권장 섭취량의 10~20% 이상을 증가해서 먹어야 하며, 섭취하는 영양소의 비율은 탄수화물 6: 단백질 3: 지방 1의 비율로 섭취합니다.

이번에는 다이어트에 대해서 살펴보겠습니다.

[다이어트를 위한 일반적인 조건]

일일 권장 섭취량의
10~20% 감소 섭취
(80~90% 섭취)

탄수화물 : 단백질 : 지방
5 : 3 : 2
4 : 4 : 2

다이어트를 하는 방법에 있어서는 고탄수화물 저지방 식단이나 키토제닉 다이어트 등이 있지만 개인의 차이가 있을 수 있기에 정말 자신에게 맞는 방식을 찾아야 합니다.

무난하고 일반적인 방법으로 설명을 드리자면 일일 권장 섭취량의 80~90%로 낮춰서 식사를 가지도록 하며, 영양소의 비율은 탄수화물 : 단백질 : 지방 = 5 : 3 : 2 나 탄수화물 : 단백질 : 지방 = 4 : 4 : 2로 맞춰서 섭취하시는 것을 권장합니다.

지나치게 많은 양을 줄여서 식사를 할 경우, 우리 몸은 섭취하는 에너지에 맞춰서 신진대사 과정을 조절하려고 하기에 심한 무기력증이 오는 부작용이 올 수 있습니다.

운동(트레이닝)의 원리

feat. 과부하, 점진성

트레이닝을 통해 운동을 할 때 우리가 알아야 할 원리라는 것이 있을까요?

이 세상에 다양한 원리가 있듯이 운동에도 원리가 있습니다.

이번에는 우리가 흔히들 말하는 운동의 정의를 살펴보고 운동(트레이닝)의 원리에 대해서 살펴보겠습니다.

먼저 운동이란 무엇일까요?

운동은 체력을 향상하거나 유지하기 위해 하는 계획적이고 조직적, 반복적인 신체 움직임을 의미합니다.

운동을 다른 형태의 신체 활동과 구분 짓는 주된 요인은 특별히 건강유지와 체력향상을 위해 의도적, 계획적으로 실시한다는 점입니다.

그렇기에 모든 신체활동이 운동으로 구분되는 것은 아닙니다.

그럼 이제 본격적으로 운동의 원리 5가지에 대해서 살펴보겠습니다.

첫 번째는 점진성의 원리입니다.

[운동량의 점진적인 증가]

점진성의 원리는 운동의 질과 양을 점진적으로 증가시키는 것을 가리킵니다.

이 원리는 신체 기관의 적응이 오랜 시간과 자극의 강도에 따라서 다르게 변화되므로 일정 시간을 두고 점진적으로 강도의 부하를 증가시켜야 한다는 것입니다.

두 번째는 과부하의 원리입니다.

[평소에 들고 다닐 수 있는 무게]
ex) 5kg 이라면

[운동할 때는 더 무겁게]
ex) 5kg 보다는 더 무겁게

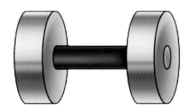

과부하의 원리는 피트니스에서 가장 기초적인 원리로 근력 운동에서 전통적으로 적용하는 원리입니다.

이 원리는 기본적으로 신체가 과부하에 대한 적응력을 높이는 데 있습니다.

우리 몸은 새로운 훈련 부하를 받게 될 때 신체적으로 반응하는데 이를 '적응'이라고 합니다.

이 '적응'과 회복을 통해서 처음 운동을 시작할 때 보다 더 높은 수준의 체력을 가지게 됩니다.

과거에는 단순히 현재 운동량보다 막연히 더 큰 부하에서 운동하는 것이 근육 증가와 근력 향상에 도움이 된다고 믿었습니다.

하지만 최근에는 단순히 운동량을 늘리는 것이 아니라 운동 부하의 증가 곡선이 지속해서 올라가야 한다는 것이 정설입니다.

쉽게 이야기 하면 지금 현재의 체력 수준에 맞게 감당할 수 있는 범위내에서 점차적으로 운동량을 늘려가야 한다는 것입니다.

세 번째, 개별성의 원리

[각자의 신체 조건(근력·체력)에 맞는 운동 시작]

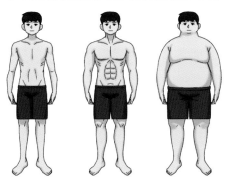

운동(트레이닝)의 원리

feat. 과부하, 점진성

모든 사람들이 운동을 시작할 때 다 같은 수준의 근력·체력을 가지고 있는 것이 아닙니다.

그렇기에 각자에게 맞는 수준의 근력·체력을 파악하여 운동을 하도록 해야 합니다.

네 번째, 특수성의 원리

[목적에 맞는 운동 계획 설정 필요]

단거리 달리기

· 짧은 시간에 폭발적인 스피드 필요
· 무산소 형태의 운동 훈련 필요

장거리 달리기

· 오랜 시간 동안 계속해서 달리기
· 유산소 형태의 운동 훈련 필요

특수성의 원리는 각 운동의 특성을 고려하여 특정 수행 능력을 발달시키기 위해 운동이 계획되어야 한다는 것입니다.

예를 들어, 달리기를 살펴보면, 달리기는 2가지 종류가 있습니다.

단거리 달리기와 장거리 달리기가 있죠.

단거리 달리기의 경우, 짧은 시간에 폭발력을 가지도록 하는 것이 중요한 데, 폭발력을 가지기 위해서는 무산소 형태의 운동 훈련이 필요합니다.

반면 장거리 달리기의 경우에는 유산소 운동을 목표로 해야 필요한 운동 결과를 가질 수 있습니다.

마지막, 다양성의 원리

[동일한 부위의 운동이라도 다른 방식의 운동 방법 적용하기]

렛 풀 다운

렛 풀 다운이 익숙해지면
턱걸이(풀 업)으로 새로운 자극 주기

턱걸이

많은 사람들이 운동을 할 때 동일한 운동 계획으로 오랜 시간 운동을 하는 경우가 있습니다.

이런 시간이 지속될수록 대부분의 사람들은 '단조로움'과 '지루함'으로 인해 스트레스를 경험하게 됩니다.

이러한 과정에서 우리 몸은 동일한 자극을 받게 되어 우리 몸이 적응하게 됩니다.

이런 문제를 해결하기 위해서 우리는 다른 운동 방법을 적용해 '스트레스 해소'와 함께 효과적인 '근력 향상'을 도모하는 것입니다.

마지막으로 우리가 원리를 적용하기 위해서 알아야 할 것이 '운동 강도'입니다.

- **운동 강도 = 최대 반복 횟수(RM)로 평가**

- **최대 반복 횟수(RM) = 쉬지 않고 반복해서 들 수 있는 무게**
  = 쉽게 표현하면 내가 몇 번 밖에 들지 못하는 무게

- **1RM = 내가 1번 밖에 들지 못하는 무게**

- **6RM = 내가 6번 밖에 들지 못하는 무게**

일반적으로 근력 운동을 할 때의 강도는 '최대 반복 횟수 (RM)'으로 평가됩니다.

1RM은 해당 근육이 한 번 들어 올릴 수 있는 최대 무게(부하)를 가리킵니다.

따라서 6RM의 경우에는 6번 들어 올릴 수 있는 최대 무게를 의미합니다.

운동 강도(RM)는 근력 운동 시, 운동 목적에 맞게 운동 계획을 세울 때 필요합니다.

운동 목적은 근력(스트렝스), 근비대, 근지구력 3가지로 나눌 수 있으며 나중에 다시 자세하게 설명하도록 하겠습니다.

근육 성장의 원리

feat. 속근, 지근, 운동 단위

많은 분들이 운동을 하시는 이유는 대부분 멋진 근육을 만들기 위해서입니다.

그래서 이번에는 이러한 근육이 운동을 통해 어떻게 성장하는 지에 대해서 전반적으로 살펴보겠습니다.

그럼, 먼저 근육이라는 것은 무엇일까요?

근육은 동물의 신체를 구성하는 중요 요소로 몸의 전체적인 형태를 이루면서 뼈와 함께 움직임의 근원인 힘을 발생하게 해주는 역할을 수행합니다.

이 때, 뼈와 함께 근육을 근골격계라고 합니다.

[신체]   [근골격계]

근육   뼈

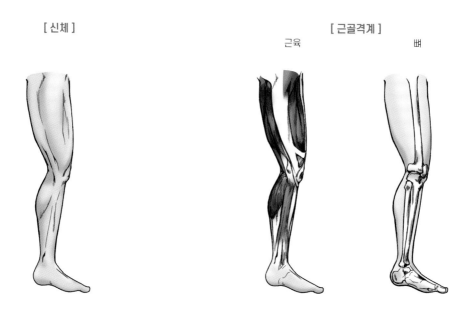

근육은 근(육)섬유(근육 세포)의 다발로 구성되며 뼈, 관절, 장기 등을 보호하고 일부 호르몬을 분비하는 역할 또한 수행합니다.

[근육의 구조]

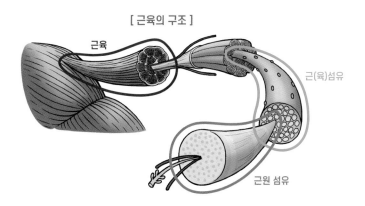

근육은 크게 2가지로 외부 근육과 내부 근육으로 나누어져 있습니다. 외부 근육은 앞서 살펴본 뼈와 함께 움직이는 골격근이 대표적이며 내부 근육은 몸의 장기들이 대표적인 근육들입니다.

[외부 근육]
골격근

[내부 근육]
장기

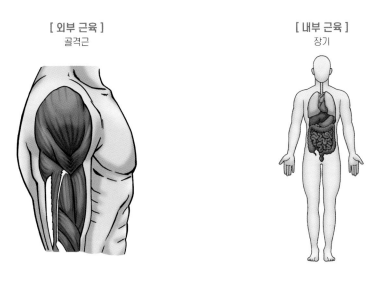

근육 성장의 원리

feat. 속근, 지근, 운동 단위

근육은 신경계를 통해 뇌의 명령으로 움직이는 근육과 무의식적으로 운동하는 근육이 있습니다. 신경계를 통해 움직이는 근육(수의근)은 앞서 살펴 본 골격근이 있으며, 무의식적으로 운동하는 근육(불수의근)은 우리 몸의 심장이 있습니다.

[신경계] 뇌의 명령	[신경계를 통해 움직이는 근육(수의근)] 골격근	[무의식적으로 움직이는 근육(불수의근)] 심장

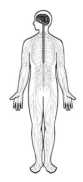 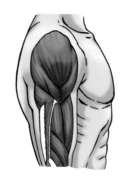 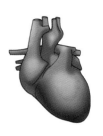

근육의 움직임에는 수축과 이완의 개념이 적용됩니다.

'수축'은 근육에 힘이 들어간 상태로 근육의 길이가 짧아지는 단축성 수축과 근육의 길이가 늘어나는 '신장성 수축'이 있습니다.

'이완'은 근육이 단순히 제자리로 되돌아 오는 것을 뜻하며 근육에 힘이 들어가지 않은 상태를 가리킵니다.

[수축] 근육에 힘이 들어간 상태	[이완] 근육에 힘이 들어가지 않은 상태
단축성 수축 　 신장성 수축	

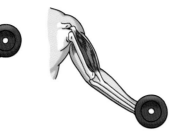 

지금부터는 신경계를 통해 근육이 움직이는 방식에 대해서 조금 더 자세히 살펴보면서 근육 성장의 원리도 함께 살펴보겠습니다.

신경계를 통해 근육이 움직일 때는 여러 과정을 거치게 됩니다. 먼저 뇌를 통해서 근육을 움직이라는 '전기적 신호'가 척수를 통해서 우리 몸의 근육에 붙어 있는 '운동 신경 세포'를 통해 근육으로 전달됩니다. 여기서 운동 신경 세포인 '뉴런'과 각 근육을 구성하는 '근섬유'는 '신경근 접합부'에서 접촉합니다. 이렇게 하나의 운동 신경 세포와 그 운동 신경 세포가 통제하는 근섬유를 운동 단위(motor unit)라고 합니다.

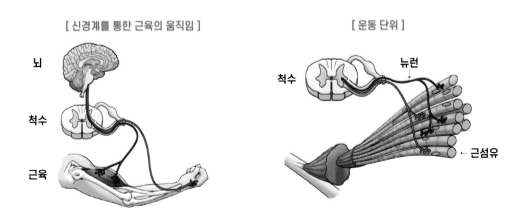

[신경계를 통한 근육의 움직임]

뇌

척수

근육

[운동 단위]

척수

뉴런

← 근섬유

운동 단위는 얼마나 많은 근섬유를 포함하는지에 따라 크기가 다양합니다.

예를 들어 눈을 깜박이는 것 같은 미세한 움직임을 위해서는 적은 숫자의 근섬유를 자극하고, 공을 찰 때처럼 허벅지 근육과 같이 많은 수의 근섬유를 자극하는 것에서 살펴볼 수 있습니다.

[운동 단위가 적은 경우]
눈 깜빡임

[운동 단위가 큰 경우]
공 차기

근육 성장의 원리

feat. 속근, 지근, 운동 단위

근섬유는 크게 3가지 유형으로 나누어 볼 수 있습니다.

지근 섬유, 속근 섬유, 중간 형태 섬유로 나누어집니다.

[지근 섬유(적근)]　　　　　　[속근 섬유(백근)]　　　　　　[중간 형태 섬유]

 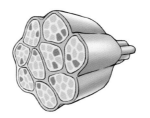 

지근 섬유는 붉은색의 근섬유로 '적근'이라고도 하는 데 수축이 느리고 피로에 높은 저항력을 보여주는 근육으로 오랜 활동을 지속하는데 유리한 근육입니다.

지근 섬유는 '마라톤'과 같은 장시간 운동을 하는 경우 적합한 근섬유입니다.

속근 섬유는 흰색의 근섬유로 '백근'이라고도 하는 데 수축이 빠르지만 쉽게 피로해 집니다. 하지만 수축이 빠르다는 것은 다르게 말하면 큰 힘을 발휘할 수 있다는 것을 말합니다.

속근 섬유는 큰 힘을 발휘하는 역할을 하기에 '파워 리프팅'과 같은 운동을 할 때 적합합니다.

중간 형태 섬유는 지근 섬유와 속근 섬유의 특성이 결합한 근섬유로 빠르게 수축이 되지만 쉽게 피로해지지 않는다는 특성이 있습니다.

[지근 섬유를 활용하는 운동 예시]　　　　　[속근 섬유를 활용하는 운동 예시]

우리는 근육을 통해 운동을 할 때 앞서 살펴본 대로 근섬유를 사용하여(근섬유 동원) 운동을 합니다. 운동을 위해 근섬유가 동원될 때는 대체적으로 지근 섬유를 사용하다가 운동 강도가 증가하면서 중간 형태 섬유, 마지막으로 속근 섬유가 순차적으로 동원됩니다. 우리가 원하는 근육 발달을 위해서는 이 근섬유 동원원리를 정확하게 이해해야 합니다.

근육의 발달원리들을 살펴보면 먼저 '근섬유 동원'을 통해 근신경계가 활성화되어 힘이 발현될 때 '근섬유 동원'에 사용되는 근섬유의 숫자가 점차적으로 증가하는 단계를 거칩니다.

[근섬유 동원의 증가(운동 단위의 증가)]

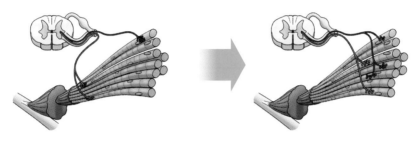

운동을 통한 근섬유의 수축을 통해서 근섬유의 손상이 이루어지며 단백질을 소모하여 손상된 부위의 근섬유를 회복합니다.

[근섬유 손상]   [근섬유 회복]

이 과정을 좀 더 자세히 살펴보면 인체의 근육 세포에서는 순간순간 근섬유가 생성되는 동화 작용과 근섬유가 분해되는 이화 작용이 일어납니다. 운동을 통해 근육이 자극받으면 우리 몸은 자극에 적응하기 위해 이화작용보다 동화 작용이 우세해 집니다. 회복된 근섬유는 이전보다 더 큰 크기로 성장함에 따라서 결과적으로 근육의 크기가 증가하게 됩니다.

목적에 따른 운동 방법

feat. 근력, 근비대, 근지구력

지금 이 책을 구매해서 보시는 분들과 보시지는 않더라도 헬스장에서 열심히 운동을 하시는 분들은 모두 복근을 가지거나 흔히들 말하는 알통을 가지고 싶은 분들입니다. 우리는 이렇게 근육의 크기를 키우거나 인바디에서 보이는 골격근량을 만들기 위해서 운동을 하는 데, 이런 목적을 가지고 운동하는 것을 '근비대' 운동이라고 합니다.

그럼 근육의 크기를 키우기 위해 운동하는 '근비대' 운동 말고 어떤 형태의 운동이 있을까요? 다들 한 번 씩은 들어보셨을 '근력'과 '근지구력' 목적의 운동이 있습니다.

이번에는 우리가 운동을 하면서 어떤 목적을 가지고 운동하는 지에 따라서 어떻게 운동 방식이 다르며, 각 운동 목적이 가지는 의의를 한 번 살펴보겠습니다.

먼저 '근력' 목적의 운동부터 살펴보겠습니다.

[대표운동]

우리가 말하는 '근력'은 말 그대로 근육의 힘을 가리킵니다. 대표적으로 '근력'을 중요하게 여기는 운동 분야가 있다면 장미란 선수를 떠올리게 하는 '역도'가 있습니다.

'근력' = 근육의 힘

'역도'와 같은 운동은 짧은 시간 내에 강한 힘을 내는 것을 목표로 합니다. 이 때, 우리 몸의 근육은 그에 맞게 짧은 시간 내 강한 수축력을 통해서 큰 힘을 발생시키도록 합니다.

여기서 강한 힘을 내도록 하는 근섬유가 바로 백근 섬유입니다.

[백근 섬유]
강하고 빠른 수축력, 낮은 지구력

[마이오글로빈]
마이오글로빈 수 ↓

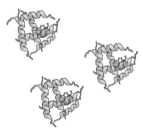

백근 섬유는 산소와 결합하는 마이오글로빈이라는 물질이 적어 염색을 하면 밝은 색을 띠어 백근이라고 합니다. 다른 말로는 속근이라고 하는 데 짧은 시간 안에 강하고 빠른 수축을 하기에 붙은 이름입니다.

이러한 속근 섬유는 중량을 다루는 웨이트 트레이닝의 기본이 되며, 근육의 크기를 키우기 위해서도 근력 운동이 반드시 필요합니다. 근력을 통해서 근육에 붙은 운동 신경의 발달로 근육 활성도가 높아져 수축동원 가능한 근섬유 수의 증가와 강한 신경자극을 기반으로 (=운동 단위의 성장) 운동할 때 들어올리는 무게를 증가시켜 근비대의 틀을 잡을 수 있습니다.

[운동 단위의 성장]
신경의 성장으로 인한 근섬유 동원 상승

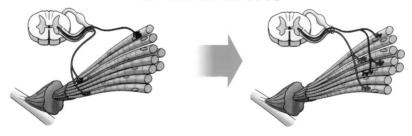

이 부분에 대해서 좀 더 과학적 원리로 살펴보기 위해 우리는 근육을 이루는 근섬유가 어떤 원리로 수축을 하는 지, 그리고 이 수축력이 어떻게 발달하는 지 살펴보겠습니다.

우리 몸의 근육은 순간적인 수축력을 증가시키는 근력 증가 운동을 하면 근(육)섬유를 이루는 근원 섬유 안의 '마이오신'과 '액틴' 근세사가 결합해 근섬유가 짧아지면서 수축하는 현상이 일어납니다. 이 때, 액틴과 마이오신을 결합할 수 있도록 환경을 만들어 주는 것이 '칼슘 이온'입니다.

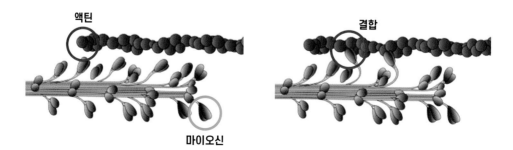

목적에 따른 운동 방법

feat. 근력, 근비대, 근지구력

'칼슘 이온'은 근섬유 안의 근원섬유를 감싸고 있는 근형질 세망에 저장됩니다. 근력 증가 운동을 하면 근형질 세망이 발달되어 칼슘이온을 더 많이 저장하고 많이 저장된 만큼 한 번에 많은 칼슘이온을 방출하여 근육의 수축 속도를 높이도록 합니다.

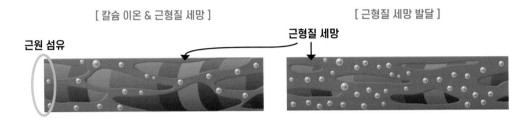

[칼슘 이온 & 근형질 세망]   [근형질 세망 발달]

근원 섬유   근형질 세망

속근은 자주 쓰이는 경우가 적어 평소에 힘을 쓰지 않기에 피로감이 적습니다. 하지만 힘을 쓸 때는 짧은 시간에 강한 수축력을 발휘하는 데, 금방 지치기에 오랫동안 수축을 반복하지 못 합니다.

여기서 속근 섬유의 비중이 높은 근육이 등의 광배근과 가슴의 대흉근입니다.

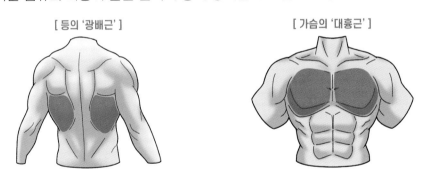

[등의 '광배근']   [가슴의 '대흉근']

근력 목적으로 운동을 하는 파워리프터나 역도 선수의 훈련을 보면 고중량(1RM~2RM), 저반복(1~2회), 완전 휴식(세트 후 3분 이상)으로 세트 사이 휴식을 통해 충분한 혈액의 산소포화도와 근글리코겐(근육 내 에너지로 사용할 수 있도록 저장되는 일종의 포도당) 충전을 통해 최대 근력을 발휘하도록 해 줍니다.

근력 증가를 다룬 대부분의 논문들에서는 대부분 최대 중량의 90%로 설정하여 운동하는 것을 추천하지만 아쉽게도 확실히 검증된 것은 없습니다.

과학적으로 확인된 것은 근력 증가가 몸에 미치는 영향으로 근력과 골밀도는 비례하기 때문에 근력이 올라가면 골밀도 또한 높아진다는 것입니다.

이 부분은 나이가 들수록 골다공증의 위험에 노출되는 노인들에게 근력 운동이 효과적인 예방 방법으로 활용됩니다.

단, 근력 목적의 운동은 잘못된 자세와 무리한 중량으로 관절과 인대의 손상을 유발할 수 있으므로 충분한 준비 운동과 올바른 자세로 실시해야 합니다.

[대표운동]

이런 '근력' 운동과 반대되는 목적의 운동은 '근지구력' 운동이 있습니다.

근지구력은 근육 수축의 반복을 오래할 수 있는 능력을 말합니다.

'근지구력' = 근육 수축의 반복을 오래할 수 있는 능력

근지구력과 관련된 근섬유는 '지근' 또는 '적근'이라고 합니다.

수축 속도가 느리기에 지근이라고 표현하며, 폭발적인 파워를 내는 백근보다는 천천히 오래가는 종목의 선수들에게 유리합니다. 대표적으로 마라톤 선수들이 있죠.

한편으로는 세포 내 산소를 받아들이는 마이오글로빈과 세포 곳곳에 혈액을 전달하는 모세혈관이 발달되어 붉은 색을 띄기에 '적근'이라고도 표현합니다.

[적근 섬유]
수축 속도가 느림(약한 수축력), 피로 내성 강함

[발달]

마이오글로빈

모세 혈관

목적에 따른 운동 방법
feat. 근력, 근비대, 근지구력

발달된 마이오글로빈과 모세혈관으로 산소를 운반해 근육에 저장된 포도당인 글리코겐을 완전히 연소시켜 몸 밖으로 배출하는 방식을 통해 피로 물질을 최소화시킵니다.

따라서 피로에 대한 내성이 강하며, 유산소성 운동에 적합합니다.

하지만 신경 하나가 지배하는 근섬유의 수를 뜻하는 운동 단위의 발달이 적어 빠르고 강한 근육의 수축력을 기대하기 어렵습니다.

대표적인 적근 섬유의 비중이 높은 근육으로는 어깨 근육인 전·측면 삼각근과 팔의 근육인 이두근, 종아리의 비복근과 가자미근이 있습니다.

[전·측면 삼각근]   [이두근]   [종아리(비복근, 가자미근)]

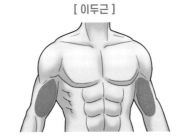
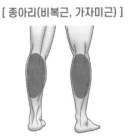

이 3가지 근육군은 지구 중력에 대항하는 근육군이기에 적근 섬유가 발달한 것이며 근지구력에 강합니다.

근지구력을 운동하는 방법으로는 저중량(20RM 이상) - 고반복(20회 이상) - 불완전 휴식을 하는 것입니다.

이 운동 방식을 통해 근육 속에 축적된 포도당인 근글리코겐이 완전히 충전되어 근육이 회복되기 전에 짧은 휴식으로 다음 세트를 실시하여 근육의 수축력을 지속하기 위한 훈련인 서킷 트레이닝이 대표적입니다.

이외에도 많이 쓰이는 운동 방법을 2가지 소개하겠습니다.

1. 피라미드 세트

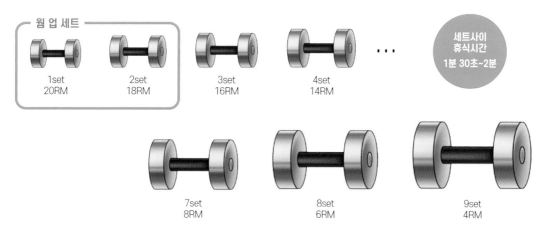

매 세트마다 중량을 점차 올려가면서 실시하는 훈련 방식입니다.

처음부터 너무 무거운 중량을 다루면 부상의 위험에 노출될 수 있기에 가벼운 무게부터 시작해 세트마다 점차 중량을 높이도록 합니다.

가벼운 중량으로 시작할 때는 고반복을 하지만 무거운 중량으로 할 때는 2~4회의 저반복으로 운동하는 방식을 통해 반복 수의 다양한 경험에 도움이 됩니다.

좀 더 구체적으로 정리하자면 피라미드 세트를 실시할 때, 첫 2세트까지는 웜 업으로 20RM~14RM으로 수행합니다.

3세트부터는 본 운동으로 시작해 7세트를 실시해 줍니다. (웜 업까지 9세트) 본 운동은 12RM부터 시작하며, 중량을 올리면서 매 세트마다 2~3회씩 줄여나갑니다.

마지막에 수행하는 7세트는 2~4회로 수행해 줍니다.

세트 사이 휴식 시간은 1분 30초~2분을 가지도록 합니다.

목적에 따른 운동 방법

feat. 근력, 근비대, 근지구력

2. 드롭세트

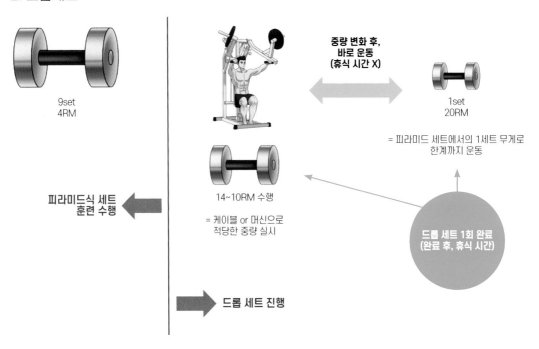

9set
4RM

중량 변화 후,
바로 운동
(휴식 시간 X)

1set
20RM

= 피라미드 세트에서의 1세트 무게로
한계까지 운동

피라미드식 세트
훈련 수행

14~10RM 수행

= 케이블 or 머신으로
적당한 중량 실시

드롭 세트 1회 완료
(완료 후, 휴식 시간!)

드롭 세트 진행

피라미드 식 세트 훈련 후, 최대 중량에 도달했을 때, 주로 머신이나 케이블을 이용하여 적당중량으로 실시한 후 최초의 저중량으로 줄여 마지막 힘까지 짜내는 세트법을 말합니다.

단, 점진적으로 중량을 낮춰가며 운동하는 세트와는 달리 중량을 급감하여 휴식 없이 바로 이어 트레이닝하는 것이 중요합니다.

드롭세트를 진행할 때는 중량을 낮춰가는 동안 휴식이 없습니다. 최저 중량까지 마쳐야 1세트이며, 그 후 휴식을 취합니다.

앞서 본 '근력'과 '근지구력' 목적의 운동 사이에 있는 운동이 바로 우리가 원하는 '근비대' 목적의 운동입니다.

우리가 근력 운동(웨이트 트레이닝)을 통해서 근육을 발달시킨다는 것은 근육을 이루는 많은 수의 근섬유들을 커지게 만드는 것을 의미합니다.

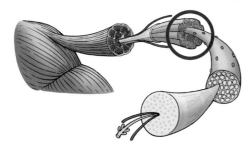

'근비대' = 근섬유의 크기 성장

이 근섬유들이 외부의 저항에 대응하면서 스스로 성장하게 되는 과정이 바로 근육이 커지게 되는 과정입니다.

근육에 주어지는 저항은 여러 가지의 종류가 있습니다.

어떤 종류의 저항이든 똑같이 근육을 성장시킨다면 가장 오랜 시간 운동을 하는 마라토너들의 다리 근육이 가장 굵어야 할 것입니다. 하지만 실제로는 단거리 선수들의 다리가 더 굵습니다.

[오랜 시간 운동]
근육의 크기가 크지 않음

[단 시간 운동]
근육의 크기가 큼

이러한 점을 살펴볼 때, 근육을 커지게 만드는 외부의 저항은 일정한 기준이 있으며 다른 종류의 저항들과는 차이가 있다는 사실을 알 수 있습니다.

즉, 쉽게 설명하자면 앞서 살펴본 각 부위를 이루는 근육들을 살펴보고 해당 근육들을 이루는 근섬유의 유형에 관해 알 필요가 있습니다.

자신이 키우고자 하는 부위의 근육이 속근 섬유인지 지근 섬유인지 혹은 중간 단계의 섬유인지 알고 그 근육의 특성에 맞게 운동해야 하는 것입니다.

목적에 따른 운동 방법

feat. 근력, 근비대, 근지구력

[지근(적근) 섬유]   [중간 단계 섬유]   [속근(백근) 섬유]

웨이트 트레이닝을 통한 보디빌딩은 근육을 키우고 체지방을 최소화하여 인체의 미를 발달시키는 것입니다.

그렇기에 보디빌딩에서 말하는 3가지 원칙을 지켜야 합니다.

[보디빌딩의 3원칙]

운동   영양   휴식

첫 번째는 운동입니다.

보디빌딩에서의 운동은 웨이트 트레이닝을 말하지만 넓은 의미로 유산소 운동도 포함됩니다.

트레이닝에 필요한 원칙이 몇 가지 있는 데 먼저 평소 생활에 있어 자신이 들어 올리는 중량보다 더 많이 들어야 합니다.

평소 자신이 들고 다니는 가방의 무게가 5kg이지만 헬스장에서 운동하는 무게가 2kg짜리 핑크 덤벨이라면 운동을 하는 것이 아닙니다.

자신의 근육에 적당한 무리를 줄 수 있도록 운동하는 것이 "과부하의 원칙"입니다.

이러한 과부하를 반복적으로 운동하는 것이 "반복성의 원칙"이며 이후 근육이 무게에 적응한다면 무게를 조금씩 늘려 과부하를 느끼게 하는 것이 "점진적 과부하의 원칙"입니다.

이 3가지 원칙은 기본적으로 지켜야 우리 몸의 근육이 성장할 수 있습니다.

두 번째는 영양입니다.

근육을 키우기 위해서는 회복을 위해 평소 필요한 칼로리 양보다 더 많은 칼로리가 필요합니다.

처음 운동을 하는 초보자들의 경우, 조급한 마음에 보충제나 닭가슴살을 구매해서 먹지만 더 중요한 것은 규칙적인 식습관부터 가지는 것입니다.

운동 후 손상된 근육의 회복을 위해서는 필요한 영양소들을 적당한 비율로 잘 섭취하는 것이 중요합니다.

세 번째는 휴식입니다.

앞의 두 가지는 잘 지키면서 휴식을 제대로 취하지 못 하면 운동은 막노동이며, 힘들게 먹은 식단은 단순한 칼로리 공급입니다.

휴식이 보장되지 않는다면 차라리 쉬어주는 것이 좋습니다.

휴식은 단순히 잠만 자거나 쉬는 것이 아니라 몸에 적당한 피로가 가해져 숙면을 취해 다음날 더 나은 컨디션을 가지는 것입니다.

휴식을 잘 취하면 우리 몸의 근육이 회복하며 뇌도 쉬어주고, 충분한 포도당과 산소량을 통해 다음 날 운동을 하기 더 좋은 상태로 만들어 줍니다.

보디빌딩이란 항상성에 정답이 있습니다.

보디빌딩을 하면 외부의 자극에 대응해 일정한 체내 환경을 유지하고자 하는 인체의 항성성에 대항하게 됩니다.

쉽게 말하면 외부의 자극에 맞춰 우리 몸 또한 자극을 이겨내기 위해 성장하는 것입니다.

근비대 목적을 통해 우리가 운동을 수행할 때는 8~12RM으로 종목당 4~5세트 정도를 수행하는 것을 추천합니다.

	운동 시 수행하는 무게	휴식 시간	세트 수
근비대	8~12RM	1분 이상 ~ 3분 미만	4~5set
근력	1~2RM (보디빌딩 식의 경우, 5RM까지 수행 가능)	3분 이상	4~5set
근지구력	20RM 이상	1분 미만	4~5set

분할 훈련
feat. 운동 계획 세우기

이번에는 분할 훈련에 대해서 살펴보겠습니다.

먼저 사람의 몸은 기계와 다르게 에너지가 공급된다고 해서 무한정으로 사용할 수는 없습니다.

운동을 하고나면 영양 섭취를 위해 식사도 필요하지만, 지친 몸을 쉬게 하기 위해서는 휴식이 필요합니다.

운동으로 손상된 근섬유들이 회복하는 과정을 통해 근육이 성장하게 됩니다.

그렇기에 우리는 운동을 할 때 운동을 하는 날과 휴식하는 날을 적절하게 안배하는 것이 필요합니다.

우리 몸의 다양한 신체 부위를 한 번에 운동하는 것은 시간적으로도 체력적으로도 힘든 일입니다.

그렇기에 신체 부위를 나누어 일정을 정해 운동을 하는 방식을 사용하게 되는 데, 이것을 우리가 흔히들 말하는 '분할'이라고 하는 분할 훈련입니다.

[분할 훈련 시, 나누어지는 부위]

보디빌딩이 본격적으로 스포츠의 영역으로 자리 잡기 전인 1900~1950년대의 보디빌더들은 분할 훈련을 하지 않았습니다.

이 시기의 보디빌더들은 전신을 하루에 다 훈련했으며, 보통 1주일에 3일 훈련을 하는 형태였고, 격일제로 훈련을 했습니다.

[초기 보디빌더의 운동 방식]

day 1	day 2	day 3	day 4	day 5	day 6	day 7
운동일	휴일	운동일	휴일	운동일	휴일	휴일

하루에 전신을 모두 훈련하기 때문에 부위별 운동 세트 수는 많지 않았습니다.

하지만 이러한 무분할 훈련은 초, 중급자 단계의 훈련자들에게 권장하는 방식입니다.

초보자들의 경우, 아직 근육의 신경이 덜 발달하여 실질적으로 근육 부위에 대한 강도 높은 훈련이 현실적으로 불가능하며 그 필요성도 떨어집니다.

그렇기에 기초적인 운동 능력을 향상시키고, 근력과 파워, 균형 감각, 유연성과 같이 운동 조직의 기능성을 발달시키는 것이 먼저 필요합니다.

이러한 무분할 훈련은 전문적으로 보디빌딩 훈련을 현실적으로 수행하기 어려운 일반인들과 다른 스포츠 종목의 운동 선수들이 운동 능력을 향상시키는 목적으로 사용할 때 효과적입니다.

무분할 훈련을 통해 기초 체력이 형성되면 이후에는 더 높은 강도로 신체의 각 부위를 훈련해야 합니다.

하지만 운동 강도가 높아지면 체력적으로 하루에 모든 부위를 효과적으로 운동하는 것이 어렵습니다.

체력과 집중력이 저하되면 후반에 운동하는 운동 종목들은 운동 강도가 낮아지게 되며, 운동 시간이 길어지는 문제가 발생합니다.

여기에 더해 강도가 높아진 만큼 근육을 포함한 운동 조직의 회복에 필요한 시간도 더 많이 필요하게 됩니다.

이럴 때 필요한 것이 바로 분할 훈련입니다.

분할 훈련

feat. 운동 계획 세우기

분할 훈련은 전신을 몇 일에 걸쳐서 하느냐에 따라서 나누어 집니다.

2일 동안 전신을 운동하면 2분할, 3일 동안 전신을 운동하면 3분할이 되는 것이죠.

- 분할 훈련 = 전신의 근육을 몇 일에 걸쳐서 할 것인가
- 2분할 = 전신의 근육을 2일에 걸쳐 전부 운동
- 3분할 = 전신의 근육을 3일에 걸쳐 전부 운동

[2분할 운동 - (분할 운동 후) 휴식일 1일]

day 1 (월)	day 2 (화)	day 3 (수)	day 4 (목)	day 5 (금)	day 6 (토)	day 7 (일)	day 8 (월)	day 9 (화)
운동일 A	운동일 B	휴일	운동일 A	운동일 B	휴일	운동일 A	운동일 B	휴일

[2분할 운동 - 휴식일 주 1일]

day 1 (월)	day 2 (화)	day 3 (수)	day 4 (목)	day 5 (금)	day 6 (토)	day 7 (일)	day 8 (월)	day 9 (화)
운동일 A	운동일 B	운동일 A	운동일 B	운동일 A	운동일 B	휴일	운동일 A	운동일 B

[3분할 운동 - (분할 운동 후) 휴식일 1일]

day 1 (월)	day 2 (화)	day 3 (수)	day 4 (목)	day 5 (금)	day 6 (토)	day 7 (일)	day 8 (월)
운동일 A	운동일 B	운동일 C	휴일	운동일 A	운동일 B	운동일 C	휴일

[3분할 운동 - 휴식일 주 1일]

day 1 (월)	day 2 (화)	day 3 (수)	day 4 (목)	day 5 (금)	day 6 (토)	day 7 (일)	day 8 (월)
운동일 A	운동일 B	운동일 C	운동일 A	운동일 B	운동일 C	휴일	운동일 A

보디빌딩 선수들의 경우에는 하루 동안 두 번에 걸쳐 나누어 실시하는 이중 분할 훈련을 하기도 합니다.

분할 훈련을 하는 것에는 정답이 없습니다.

실제 본인이 직접 자신의 운동 능력과 회복 능력에 따라 적합한 분할 방식을 사용하는 것이 필요합니다.

분할 훈련을 통해 적절한 휴식을 분배하고 자신에게 맞는 운동을 하는 것이 분할 훈련의 목적입니다.

휴식
feat. 다양한 방식의 휴식

보디빌딩을 위한 3대 원칙이라고 한다면 운동, 영양, 휴식이 있습니다.

[운동]   [영양]   [휴식]

많은 사람들이 운동을 제일 중요하게 생각하고 그 다음은 영양, 마지막으로 휴식을 생각할 것입니다.

운동은 근섬유에 미세하게 상처를 내는 행위이며, 영양은 그러한 근육의 상처를 회복하기 위한 재료입니다.

하지만 휴식을 취하지 않으면 운동 후 근육은 상처 난 상태로 회복을 하지 못 하고 있을 것이며, 영양은 근육의 재합성에 쓰이기보다는 단순한 칼로리 공급의 기능을 수행할 것입니다.

반드시 휴식을 취해야만 근육은 회복이 되며 더 나아가 성장을 할 수 있습니다.

이처럼 근육을 재합성하기 위한 시간을 근육에 제공하는 것을 휴식이라고 하는데 이는 단순히 일정 시간 동안 훈련을 하지 않거나 눈만 감고 있는 것을 의미하지 않습니다.

가벼운 체조나 스트레칭, 마사지 등의 적극적인 휴식 행위와 정신적 스트레스를 해소하고 목표 의식을 가다듬는 명상과 같은 마인드 컨트롤 등을 포함합니다.

[체조, 스트레칭]   [명상]

그리고 충분한 수면을 취하는 것은 지금까지
알려진 방법 중 최고의 휴식 방법이라 할
수 있습니다.

여유가 된다면 30~40분 정도의 낮잠을
자는 것도 좋습니다. 오후 시간대에 약간 모자라게
느껴질 정도의 짧은 낮잠은 육체적, 정신적 긴장과 피로를 해소하는 데 효과적입니다.

일상생활을 하다보면 잠을 자지 못 하고 밤을 새야하는 경우가 있습니다.

장례식에 간다던가 친구들과 술을 마셔야 하는 일이 대표적인 예입니다.

[장례식장 방문]

[친구들과 술 약속]

이러한 밤샘의 후유증은 상상 이상으로 최소 사흘에서 길면 일주일까지 신체 리듬이 엉망이
되어 컨디션에 지장이 생겨 최상의 운동 강도를 발휘하기 어렵게 만듭니다.

이런 경우, 조급한 마음으로 더 훈련에 열중하는 경우가 있는 데 오히려 마음 편히 운동을
쉬면서 신체 리듬을 정상적으로 만들고 컨디션을 조절해야 합니다.

그리고 육체적인 피로보다 정신적인 피로로 인해 근육 발달이 더뎌지는 경우가 적지 않습
니다.

휴식
feat. 다양한 방식의 휴식

교육, 영업, 전화 상담처럼 말을 많이 하는 직업의 경우가 특히 그렇습니다.

[교육] [영업] [전화 상담]

이러한 직업군에 종사하는 경우에는 정신적 스트레스를 해소할 수 있는 적극적인 휴식 행위를 우선적으로 취하는 것이 좋습니다.

음악 감상이나 30분 내외의 반신욕 등이 효과적입니다.

[음악 감상] [반신욕]

충분한 휴식을 통해 균형 잡힌 영양을 공급해야 합니다.

훈련으로 고갈된 체내 에너지의 충분한 보충이 이루어지지 않는다면 휴식 그 자체는 아무런 의미가 없다고 해도 모자라지 않습니다.

운동 직후 소모된 근육 내 포도당(글리코겐)을 보충하지 않는다면 근육 내 단백질을 에너지로 사용함으로써 근육의 성장은 정체됩니다.

근육의 재합성 과정에서 충분하고 적절한 단백질의 공급이 이루어지지 않는다면 근육의 발달은 기대하기 어렵습니다.

물과 비타민, 무기질 역시 피로를 줄이고 회복을 돕는 중요한 영양소입니다.

진정한 휴식은 몸에 충분한 피로를 가했을 때 의미가 있습니다.

신체 활동을 거의 하지 않고 스트레스를 가하지 않는 경우, 숙면을 취하기 어렵고 옅은 잠을 자게 되어 하루 종일 잠에 취해있게 됩니다.

길게 자더라도 피곤함이 해소되기 힘들기에 이러한 경우 휴식이라고 할 수 없습니다.

따라서 휴식은 운동을 열심히 한 사람이 누릴 수 있는 보너스이며 운동 + 영양 + 휴식을 모두 한 번씩 행하였을 때 그야말로 보디빌딩을 1회 실천했다고 할 수 있습니다.

이렇게 훈련 후, 충분한 휴식을 취하게 되면 훈련 이전보다 향상된 체력 상태가 만들어지는 데 이를 '초과 회복'이라고 합니다.

'초과 회복' 상태는 훈련으로 인한 피로와 회복 과정의 후반부에 일시적으로 형성되기에 효과적인 훈련을 위해서는 초과 회복 지점을 효율적으로 이용하는 것이 필요합니다.

만약 여러분이 그 날의 운동을 미리 계획해서 당장이라도 헬스장에 가 운동을 하고 싶은 욕구가 든다면 초과 회복의 상태일 수 있습니다.

이것만 알면 된다!

헬스의 정석

55가지 운동 방법 & 10가지 운동 지식

초판 인쇄 2024년 11월 26일

지은이 권상언
감수자 오경모

펴낸 곳 보따피
등록 제 25100 - 2024 - 000026 호
주소 대구광역시 동구 장등로 76, 광명빌딩 406호
이메일 bottafi_official@naver.com

ISBN 979 - 11 - 990130 - 0 - 1

이 책은 "대구 특화 출판산업 육성지원 사업"에 선정·지원 받아 제작되었습니다.